O aberto

Bíblia hebraica do século XIII: a visão de Ezequiel, os três animais da origem, o banquete messiânico dos justos (Milão, Biblioteca Ambrosiana).

Giorgio Agamben

O aberto
O homem e o animal

Tradução de
Pedro Mendes

Revisão de tradução de
Giuseppe Cocco e Izabela D'Urço

Revisão técnica de
Joel Birman

4ª edição
Edição revista

CIVILIZAÇÃO BRASILEIRA

Rio de Janeiro
2025

Título original: *L'aperto. L'uomo e l'animale*; publicado originalmente por Bollati Boringhieri editore, Turim © 2002 Giorgio Agamben

Este livro foi negociado com Ute Körner Literary Agent, S. L., Barcelona – www.uklitag.com e Agnese Incisa Agentia Letteraria, Turim.

CIP-BRASIL. CATALOGAÇÃO NA FONTE
SINDICATO NACIONAL DOS EDITORES DE LIVROS, RJ

A21a
4ª ed.
Agamben, Giorgio
O aberto. O homem e o animal/ Giorgio Agamben. Tradução de Pedro Mendes – 4ª ed. – Edição revista – Rio de Janeiro: Civilização Brasileira, 2025.
(Sujeito e História)

Inclui bibliografia
ISBN 978-85-200-1327-4

1. Filosofia italiana. 2. O contemporâneo. 3. Ensaios italianos I. Título. II. Série

13-0932

CDD: 195
CDU: 1(45)

Todos os direitos reservados. É proibido reproduzir, armazenar ou transmitir partes deste livro, através de quaisquer meios, sem prévia autorização por escrito.

Este livro foi revisado segundo o novo Acordo Ortográfico da Língua Portuguesa.

Direitos desta tradução adquiridos pela
EDITORA CIVILIZAÇÃO BRASILEIRA
Um selo da
EDITORA JOSÉ OLYMPIO LTDA.
Rua Argentina, 171 – Rio de Janeiro, RJ – 20921-380
Tel.: (21) 2585-2000

Seja um leitor preferencial Record.
Cadastre-se e receba informações sobre nossos lançamentos e nossas promoções.

Atendimento e venda direta ao leitor:
sac@record.com.br

Impresso no Brasil
2025

Sumário

1. Teromorfo — 9
2. Acéfalo — 13
3. Esnobe — 19
4. *Mysterium disiunctionis* — 27
5. Fisiologia dos bem-aventurados — 33
6. *Cognitio experimentalis* — 39
7. Taxonomias — 43
8. Sem condição social — 51
9. Máquina antropológica — 55
10. *Umwelt* — 65
11. Carrapato — 73
12. Pobreza de mundo — 79
13. O aberto — 91
14. Tédio profundo — 101
15. Mundo e terra — 113
16. Animalização — 119
17. Antropogênese — 123
18. Entre — 127
19. *Désœuvrement* — 133
20. Fora do ser — 139

Notas — 145
Bibliografia — 151

*"S'il n'existoit point d'animaux, la nature de
l'homme serait encore plus incompréhensible."*

[Se os animais não existissem, a natureza do homem
seria mais incompreensível.]

Georges-Louis Buffon

*"Indigebant tamen eis ad experimentalem
cognitionem sumendam de naturis eorum."*

[Tinham necessidade deles, no entanto, a fim de
tomar conhecimento experimental de sua natureza.]

Tomás de Aquino

1. Teromorfo

"Nas últimas três horas do dia, Deus se senta e joga com Leviatã, como está escrito: 'Tu fizeste o Leviatã para jogar com ele'."

Talmude, Avoda zara

Na Biblioteca Ambrosiana de Milão conserva-se uma Bíblia hebraica do século XIII que contém preciosas iluminuras. As duas últimas páginas do terceiro códice são inteiramente ilustradas com cenas de inspiração mística e messiânica. A página 135v apresenta a visão de Ezequiel, sem a representação da carruagem: ao centro estão os sete céus, a lua, o sol e as estrelas e, nos cantos, assentados sobre um fundo azul, os quatro animais escatológicos: o galo, a águia, o boi e o leão.

A última página (136r) é dividida em duas metades; a superior representa os três animais da origem: o pássaro Ziz (na forma de grifo alado), o boi Behemoth e o grande peixe Leviatã, imerso no mar e enrolado sobre si mesmo. A cena que nos interessa aqui, de modo particular, é a última em todos os sentidos, pois conclui tanto o códice quanto a história da humanidade. Ela representa o banquete messiânico dos justos no último dia. À sombra de árvores paradisíacas e animados pela melodia de dois instrumentistas, os justos, com a cabeça coroada, sentam-se a uma mesa ricamente disposta. A ideia de que, nos dias do Messias, os justos, que por toda a vida observaram as prescrições da Torá, vão se banquetear com as carnes de Leviatã e de Behemoth sem se preocupar ao menos se estas foram abatidas de modo *kosher*, é perfeitamente familiar à tradição rabínica. É surpreendente, no entanto, um detalhe que até agora não mencionamos: sob as coroas, o artista representou os justos não com semblantes humanos, mas com uma cabeça inconfundivelmente animal. Não apenas os reencontramos aqui, nas três figuras da direita, o bico de grifo da águia, a cara vermelha do boi e a cabeça leonina dos animais escatológicos, mas também os outros dois justos da imagem exibem, um, traços grotescos de asno, e o outro, um perfil de pantera. E uma cabeça animal cabe também aos dois instrumentistas – em particular o da direita, mais visível, que toca uma espécie de viola com um inspirado focinho simiesco.

Por que os representantes de toda a humanidade são retratados com cabeças de animais? Os estudiosos que se ocuparam da questão não encontraram até agora uma explicação convincente. Segundo Sofia Ameisenowa, que dedicou ao tema uma ampla pesquisa na qual tenta aplicar a materiais hebraicos os métodos da escola warburguiana, as imagens dos justos com feições animais deveriam reconduzir ao tema gnóstico-astrológico da representação dos decanos teromorfos, por meio da doutrina gnóstica segundo a qual os corpos dos justos (ou melhor, dos espirituais), reascendendo após a morte aos céus, transformam-se em estrelas e identificam-se com as potências que governam todos os céus.

Segundo a tradição rabínica, todavia, os justos em questão não estão de forma alguma mortos: são, pelo contrário, os representantes do resto de Israel, isto é, dos justos que estão ainda em vida no momento da vinda do Messias. Como se lê no *Apocalipse de Baruch* 29,4, "Behemoth aparecerá de sua terra e o Leviatã surgirá do mar: os dois monstros, que formei no quinto dia da criação e conservei até esse dia, servirão agora de alimento para todos aqueles que restarem". Além disso, o motivo da representação terocéfala dos arcontes gnósticos e dos decanos astrológicos é tudo menos pacífico para os estudiosos e requer ele próprio uma explicação. Nos textos maniqueus, cada um dos arcontes corresponde a uma das divisões do reino animal (bípedes, quadrúpedes, aves, peixes, répteis), e, da mesma forma, a uma das "cinco naturezas" do corpo humano (ossos, nervos, veias, carne, pele), de modo que a representação teromórfica dos arcontes remete diretamente ao tenebroso parentesco entre macrocosmo animal e microcosmo humano.[1] Por outro lado, no Talmude, a passagem do tratado no qual o Leviatã é mencionado como alimento do banquete messiânico dos justos encontra-se depois de uma série de *haggadoth* [narrativas] que parecem aludir a uma diferente economia das relações entre o animal e o humano. Que, de resto, no reino messiânico, também a natureza animal será transfigurada, estava implícito na profecia messiânica de Isaías (11,6) – que tanto agradava a Ivan Karamazov –, na qual se lê que "o lobo habitará junto com a ovelha/ e a pantera se deitará ao lado do cabrito;/ o bezerro e o leãozinho pastarão juntos/ e um menino os guiará".

Portanto, não é impossível que, ao atribuir uma cabeça animal ao resto de Israel, o artista do manuscrito da Ambrosiana tenha tentado demonstrar que, no último dia, as relações entre os animais e os homens serão compostas de uma nova forma e o próprio homem se reconciliará com a sua natureza animal.

2. Acéfalo

Georges Bataille ficou tão impressionado pelas efígies gnósticas de arcontes com cabeças de animais que pôde ver no Cabinet des Medailles da Bibliothèque Nationale, que dedicou a elas um artigo em sua revista *Documents*, em 1930. Na mitologia gnóstica, os arcontes são as entidades demoníacas que criam e governam o mundo material, no qual os elementos espirituais e luminosos encontram-se mesclados e aprisionados nos elementos obscuros e corpóreos. As imagens, reproduzidas como comprovação da tendência do "baixo materialismo" gnóstico de confundir formas humanas e bestiais, representam, segundo as didascálias bataillianas, "três arcontes com cabeça de pato", um "Iao panmorfo", um "Deus com pernas humanas, corpo de serpente e cabeça de galo" e, por fim, um "Deus acéfalo encimado por duas cabeças de animais". Seis anos depois, a capa do primeiro número da revista *Acéphale*, desenhada por André Masson, exibia, como insígnia da "conjuração sagrada", organizada por Bataille com um pequeno grupo de amigos, uma figura humana nua e desprovida de cabeça. Apesar da evasão do homem de sua cabeça ("O homem fugiu de sua cabeça como o condenado da prisão", declara o texto programático),[2] não implicasse necessariamente um retorno à animalidade. As ilustrações do número 3-4 da revista, nas quais o mesmo ser nu do primeiro número ostenta uma majestosa cabeça taurina, são testemunho de uma aporia que acompanha todo o projeto batailliano.

Entre os temas centrais da leitura hegeliana de Kojève, de quem Bataille se tornou ouvinte na École des Hautes Études, estava, de fato, o problema do fim da história e da figura que o homem e a natureza assumiriam no mundo pós-histórico, quando o paciente processo do trabalho e da negação, por meio do qual o animal da espécie *Homo sapiens* se tornou humano, chegasse ao fim. De acordo com um gesto característico seu, Kojève dedica a este problema central apenas uma nota do curso de 1938-1939:

> O desaparecimento do Homem no fim da história não é uma catástrofe cósmica: o mundo natural permanece aquilo que é desde toda a eternidade. Não é nem mesmo uma catástrofe biológica: o Homem permanece vivo como animal que se encontra *de acordo* com a Natureza e com o Ser dado. O que desaparece é o Homem propriamente dito, isto é, a Ação negadora do dado, e o Erro ou, em geral, o Sujeito *oposto* ao Objeto. De

fato, o fim do Tempo humano ou da História, isto é, o aniquilamento definitivo do Homem propriamente dito ou do Indivíduo livre e histórico significa simplesmente o cessar da Ação no sentido forte do termo. O que significa praticamente: o desaparecimento das guerras e das revoluções sangrentas. E ainda o desaparecimento da *Filosofia*; a partir do momento em que o Homem não mais se transforma a si próprio de modo essencial, não há motivo para transformar os princípios (verdadeiros) que estão na base do seu conhecimento de Mundo e de si. Mas todo o resto pode manter-se indefinidamente; a arte, o amor, o jogo etc.; em resumo, tudo o que torna o homem *feliz*.[3]

A oposição entre Bataille e Kojève concerne especificamente ao "resto" que sobrevive à morte do homem novamente tornado animal ao fim da história. Aquilo que o pupilo – que era, na verdade, cinco anos mais velho que o mestre – não podia aceitar de forma alguma era que "a arte, o amor, o jogo", como também o riso, o êxtase, o luxo (que, revestidos de uma aura de excepcionalidade, estavam no centro das preocupações de *Acéphale* e, dois anos depois, do Collège de Sociologie) cessassem de ser sobre-humanos, negativos e sagrados para serem simplesmente restituídos à práxis animal. Para o pequeno grupo de iniciados quarentões, que não temiam desafiar o ridículo praticando a "alegria diante da morte" nos bosques da periferia de Paris, nem de brincar, mais tarde, em plena crise europeia, de "aprendizes de feiticeiros", pregando o retorno dos povos europeus à "velha casa do mito". O ser acéfalo entrevisto por um instante em suas privilegiadas experiências poderia, possivelmente, não ser humano ou divino – mas não deveria, em nenhum caso, ser animal.

Naturalmente, em questão aqui também estava a interpretação de Hegel, um terreno no qual a autoridade de Kojève era particularmente ameaçadora. Se a história não era mais que o paciente trabalho dialético de negação e o homem o sujeito e, ao mesmo tempo, o que está em jogo nesta ação negadora, então a conclusão da história implicava necessariamente o fim do homem, e o rosto do sábio que, no limiar dos tempos, contempla satisfeito este fim, dilui-se, como na iluminura da Ambrosiana, em um focinho animal.

Por isso, em uma carta a Kojève de 6 de dezembro de 1937, Bataille não pôde senão apostar na ideia de uma "negatividade sem emprego", isto é, de uma negatividade que sobrevive, não se sabe como, ao fim da história e da qual ele não pôde fornecer outra prova que não sua própria vida, "a ferida aberta que é minha vida":

> Admito (enquanto hipótese verossímil) que atualmente a história está consumada (exceção feita ao epílogo). Mas vejo as coisas de forma diversa... Se a ação (o "fazer") é – como diz Hegel – a negatividade, o ponto é saber se a negatividade de quem não tem "mais nada a fazer" desaparece ou em vez disso subsiste ao estado de "negatividade sem emprego": pessoalmente, não posso

decidir senão em uma única direção, já que eu mesmo sou essa "negatividade sem emprego" (não poderia definir-me de maneira mais precisa). Reconheço que Hegel tenha previsto essa possibilidade; todavia ele não a pôs ao *final* do processo que descreveu. Imagino que minha vida – ou, melhor ainda, o seu aborto, a ferida aberta que é minha vida – constitua por si mesma a refutação do sistema fechado de Hegel.[4]

O fim da história comporta, portanto, um "epílogo", no qual a negatividade humana se conserva como "resto" na forma do erotismo, do riso, da alegria diante da morte. Na luz incerta desse epílogo, o sábio, soberano e consciente de si, vê ainda passar diante de seus olhos não cabeças de animais, mas a figura acéfala dos *hommes farouchement religieux [homens ferozmente religiosos]*, "amantes" ou "aprendizes de feiticeiros". O epílogo haveria, no entanto, de revelar-se frágil. Em 1939, quando a guerra já era inevitável, uma declaração do Collège de Sociologie traduz sua impotência denunciando a passividade e a ausência de reações diante da guerra como uma forma de "desvirilização" maciça na qual os homens se transformavam em uma espécie de "ovelhas conscientes e resignadas ao abate".[5] Ainda que em um sentido diverso daquele imaginado por Kojève, os homens então voltavam a ser, realmente, animais.

3. Esnobe

> "Nenhum animal pode ser esnobe."
>
> Alexandre Kojève

Em 1968, por ocasião da segunda edição da *Introduction à la lecture de Hegel*, quando então o discípulo-rival havia morrido há seis anos, Kojève retorna ao problema do devir animal do homem. E o faz, mais uma vez, na forma de uma nota acrescentada à nota da primeira edição (se o texto da *Introduction* é composto essencialmente de apontamentos recolhidos de Queneau, as notas são seguramente a única parte do livro das mãos de Kojève). Aquela primeira nota – ele observa – era ambígua, porque, se se admite que ao fim da história o homem "propriamente dito" deve desaparecer, não se pode depois pretender coerentemente que "todo o resto" (a arte, o amor, o jogo) se possa manter indefinidamente:

> Se o Homem volta a ser animal, também as suas artes, os seus amores e os seus jogos deverão se tornar puramente "naturais". Deveríamos admitir, portanto, que, após o fim da História, os homens construirão seus edifícios e suas obras de arte como os pássaros constroem seus ninhos e as aranhas tecem suas teias, que acompanharão concertos musicais assim como fazem as rãs e as cigarras, e brincarão como brincam os filhotes e farão amor como os animais adultos. Mas não se poderia dizer, então, que tudo isso "torna o Homem *feliz*". Seria possível dizer que os animais pós-históricos da espécie *Homo sapiens* (que viverão na abundância e em plena segurança) estarão *contentes* em função de seu comportamento artístico, erótico e lúdico, visto que, por definição, se satisfarão.[6]

O aniquilamento definitivo do homem em sentido próprio deve, entretanto, implicar necessariamente também a desaparição da linguagem humana, substituída por sinais sonoros ou mímicas comparáveis à linguagem das abelhas. Mas com isso, argumenta Kojève, desapareceria não apenas a filosofia, isto é, o amor pela sabedoria, mas a própria possibilidade de uma sabedoria enquanto tal.

Nesse ponto, a nota enuncia uma série de teses sobre o fim da história e o estado presente do mundo, no qual não é possível distinguir entre a absoluta seriedade e uma igualmente absoluta ironia. Aprendemos assim que, nos anos imediatamente posteriores à redação da primeira nota (1946), o autor compreendeu que "o fim hegeliano-marxista da história" não era um evento futuro, mas algo já realizado. Após a batalha de Jena, a vanguarda da humanidade virtualmente atingiu o fim da evolução histórica do homem. Tudo que se seguiu – incluindo as duas guerras mundiais, o nazismo e a sovietização da Rússia – não representa nada além de um processo de aceleração destinado a alinhar o resto do mundo pela posição dos países europeus mais avançados. Agora, todavia, repetidas viagens aos Estados Unidos e à Rússia soviética, realizadas entre 1948 e 1958 (isto é, na época em que Kojève era já um alto funcionário do governo francês), convenceram-no de que, a respeito da emergência da condição pós-histórica, "Russos e chineses não são mais que americanos pobres e, de resto, em via de enriquecimento rápido", enquanto os Estados Unidos já atingiram o "estágio final do 'comunismo marxista'".[7] Daí a conclusão de que

> o *American way of life* é o gênero de vida próprio do período pós-histórico, e a presença atual dos Estados Unidos no mundo antecipa o futuro "eterno presente" da humanidade inteira. O retorno do homem à animalidade aparece então não já como uma possibilidade futura, mas como uma certeza já presente.[8]

Em 1959, no entanto, uma viagem ao Japão determina um ulterior deslocamento de perspectiva. No Japão, Kojève pôde observar com seus próprios olhos uma sociedade que, embora vivendo em condição pós-histórica, não cessou por isso de ser "humana":

> A civilização japonesa "pós-histórica" meteu-se por uma via diametralmente oposta à americana. É certo que no Japão não existem mais Religião, Moral ou Política no sentido "europeu" ou "histórico" desses termos. Mas o *Esnobismo* em estado puro produziu disciplinas negadoras do dado "natural" ou "animal" que superaram em muito a eficácia daquelas nascidas, no Japão como em outros lugares, da "Ação" histórica, isto é, das Lutas guerreiras e revolucionárias ou do Trabalho forçado. Certo, os exemplos (em parte nenhuma superados) do esnobismo especificamente japonês que são o Teatro Nô, a cerimônia do chá e a arte dos buquês de flores foram e permanecem ainda apanágio exclusivo dos nobres e dos ricos. Todavia, apesar das persistentes desigualdades econômicas e sociais, todos os japoneses, sem exceção, são atualmente capazes de viver em função de valores totalmente *formalizados*, isto é, completamente esvaziados de qualquer conteúdo "humano" no sentido "histórico". Assim, no limite, todo japonês é capaz de proceder por puro esnobismo, a um *suicídio* perfeitamente gratuito (a clássica espada do samurai pode ser substituída por um avião ou por um torpedo), que nada tem a ver com o *arriscar* a vida no curso de uma Luta conduzida em função de valores "históricos" com um conteúdo social ou político. O que deixa supor que a interação apenas iniciada entre o Japão e o Mundo ocidental se concluirá, em última análise, não em um retorno dos japoneses à

barbárie, mas em uma "japonização" dos ocidentais (russos incluídos).

Ora, visto que nenhum animal pode ser esnobe, todo período pós-histórico "japonizado" será especificamente humano. Não haverá, portanto, "aniquilamento definitivo do Homem propriamente dito" enquanto houver animais da espécie *Homo sapiens* capazes de servir de suporte "natural" àquilo que há de humano nos homens.[9]

O tom de farsa que Bataille reprovava ao mestre toda vez que este tentava descrever a condição pós-histórica atinge seu ápice nessa nota. Não apenas o *American way of life* é equiparado a uma vida animal, como a sobrevivência do homem à história na forma do esnobismo japonês assume uma versão mais elegante (ainda que paródica) daquela "negatividade sem emprego" que Bataille tentava definir a seu modo, certamente mais ingênuo, e que, aos olhos de Kojève, deveria parecer de mau gosto.

Procuremos refletir sobre as implicações teóricas dessa figura pós-histórica do humano. Antes de tudo, a sobrevivência da humanidade ao seu drama histórico parece insinuar – entre a história e seu fim – uma margem de ultra-história que remete ao reino messiânico de mil anos que, tanto na tradição judaica quanto na cristã, se instaurará sobre a terra entre o último evento messiânico e a vida eterna (o que não surpreende em um pensador que havia dedicado seu primeiro trabalho à filosofia de

Soloviev, impregnada de motivos messiânicos e escatológicos). Mas o decisivo, porém, é que, nessa margem ultra-histórica, o permanecer humano do homem supõe a sobrevivência dos animais da espécie *Homo sapiens* que devem servir-lhe de suporte. Na leitura hegeliana de Kojève, o homem não é, de fato, uma espécie biologicamente definida nem uma substância dada por acabada: é, acima de tudo, um campo de tensões dialéticas sempre já talhado por cortes que nele separam a cada vez – pelo menos virtualmente – a animalidade "antropófora" e a humanidade que nela se encarna. O homem existe historicamente apenas sob esta tensão: ele pode ser humano apenas na medida em que transcende e transforma o animal antropóforo que o sustenta, somente porque, por meio da ação negadora, é capaz de dominar e, eventualmente, destruir a sua própria animalidade (foi nesse sentido que Kojève pôde escrever que o "homem é uma doença mortal do animal").[10]

Mas o que foi feito da animalidade do homem na pós-história? Que relação há entre o esnobe japonês e seu corpo animal e entre este e a criatura acéfala entrevista por Bataille? Por outro lado, na relação entre o homem e o animal antropóforo, Kojève privilegia o aspecto da negação e da morte e parece não ver o processo pelo qual, na modernidade, o homem (ou o Estado em seu lugar) começa em vez disso a cuidar da própria vida animal, e a vida natural se torna então aquilo que Foucault chamou de biopoder. Talvez o corpo do animal antropóforo (o corpo do servo) seja o resto não resolvido que o idealismo deixa de herança ao pensamento e as aporias da filosofia de nosso tempo coincidam com as aporias desse corpo irredutivelmente teso e dividido entre animalidade e humanidade.

4. *Mysterium disiunctionis**

Para quem empreender uma pesquisa genealógica sobre o conceito de "vida" em nossa cultura, uma das primeiras e mais instrutivas observações é o fato de isso nunca ser definido como tal. O que assim permanece indeterminado vem, entretanto, de tempos em tempos articulado e dividido por meio de uma série de cortes e de oposições que o investem de uma função estratégica decisiva em âmbitos aparentemente distantes como a filosofia, a teologia, a política e, apenas mais tarde, a medicina e a biologia. Tudo acontece, então, como se, em nossa cultura, a vida fosse *algo que não pode ser definido, mas que, exatamente por isso, deve ser incessantemente articulado e dividido.*

Na história da filosofia ocidental, essa articulação estratégica do conceito de vida possui um momento crí-

---
* O mistério da disjunção. [N. da E.]

tico. Trata-se do ponto em que no *De anima* [Da alma], Aristóteles isola, entre os vários modos pelos quais se diz o termo "viver", aquele mais geral e separável dos demais:

> É através do viver que o animal se distingue do inanimado. Diz-se "viver", porém, de vários modos, e se mesmo apenas um deles subsistir, diremos que alguma coisa vive: o pensamento, a sensação, o movimento e o repouso segundo o lugar, o movimento segundo a nutrição, a destruição e o crescimento. Por isso, também todas as espécies vegetais parecem viver. É evidente, de fato, que os vegetais possuem em si mesmos um princípio e uma potência tais que, através destes, crescem e se decompõem em direções opostas... Este princípio pode ser separado dos outros, mas os outros não podem sê-lo nos mortais. Isso é evidente nas plantas: nelas não há outra potência que não a alma. É por meio desse princípio, portanto, que o viver pertence aos viventes... Chamamos potência nutritiva [*threptikón*] essa parte da alma de que também os vegetais participam.[11]

É importante observar que Aristóteles não define de modo algum o que seja a vida: limita-se a decompô-la por meio do isolamento da função nutritiva, para depois rearticulá-la em uma série de potências ou faculdades distintas e correlatas (nutrição, sensação, pensamento). Vemos aqui em funcionamento o princípio do fundamento que constitui o dispositivo estratégico por excelência do pensamento de Aristóteles. Este consiste em reformular cada questão sobre "o que é?" como uma questão sobre "através de que coisa [*dia ti*] algo pertence a outra coisa?". Questionar por que um certo ser é dito vivo significa procurar o fundamento por meio do qual o viver pertence a este determinado ser. Ocorre, no entanto, que, por meio dos diversos modos nos quais o viver é afirmado, um se separa dos outros e vai mais fundo, para se tornar o princípio através do qual a vida pode ser atribuída a um determinado ser. Em outras palavras, aquilo que foi separado e dividido (nesse caso, a vida nutritiva) é precisamente o que permite construir – em uma espécie de *divide et impera [divide e governa]* – a unidade da vida como articulação hierárquica de uma série de faculdades e oposições funcionais.

O isolamento da vida nutritiva (a qual os comentadores antigos já chamavam vegetativa) constitui um evento de toda maneira fundamental para a ciência ocidental. Quando, muitos séculos depois, Bichat, em seu *Recherches physiologiques sur la vie et la mort*, distingue da "vida animal", definida pela relação com um mundo externo, uma "vida orgânica", que não é mais senão "uma sucessão habitual de assimilações e de excreções",[12] é ainda a vida nutritiva de Aristóteles que traça o obscuro fundo sobre o qual se destaca a vida dos animais superiores. Segundo Bichat, é como se em cada organismo superior convivessem dois "animais": *l'animal existant au-dedans* [animal existindo de dentro], cuja vida – que Bichat define como "orgânica" – não é senão a repetição de uma série de funções, por assim dizer, cegas e desprovidas de consciência (circulação do sangue, respiração, assimilação, excreção etc.), e *l'animal vivant au-dehors* [animal vivendo de fora], cuja vida – a única que, para Bichat, merece o nome de "animal" – é definida pela relação com o mundo externo. No homem, esses dois animais coabitam, mas não coincidem: a vida orgânica do animal-de-dentro começa no feto antes da vida animal e, no envelhecimento e na agonia, sobrevive à morte do animal-de-fora.

É desnecessário recordar a importância estratégica que a identificação deste descolamento entre funções da vida vegetativa e funções da vida de relações teve na história da medicina moderna. Os sucessos da cirurgia moderna e da anestesia se baseiam, entre outros, precisamente na possibilidade de dividir e, ao mesmo tempo, articular os dois animais de Bichat. E quando, como demonstrou Foucault, o Estado moderno, a partir do século XVII, começa a incluir entre as suas tarefas essenciais o cuidado com a vida da população e transforma, assim, a sua política em biopoder é, sobretudo, por meio de uma progressiva generalização e redefinição do conceito de vida vegetativa (que se torna então o patrimônio biológico da nação) que ele realizará sua nova vocação. E, ainda hoje, nas discussões sobre a definição *ex lege* [segundo a lei] dos critérios da morte clínica, é uma identificação ulterior dessa vida nua – desconexa de qualquer atividade cerebral e por assim dizer de sujeito – para decidir se um certo corpo pode ser considerado vivo ou se deve ser abandonado à extrema peripécia dos transplantes.

A divisão da vida em vegetal e de relação, orgânica e animal, animal e humana passa então, acima de tudo, no interior do vivente homem como fronteira móvel e, sem este corte íntimo, a própria decisão sobre o que é humano e o que não é provavelmente não seria possível. Somente porque algo como uma vida animal foi separada no íntimo do homem, somente porque a distância e a proximidade com o animal foram medidas e reconhecidas, sobretudo, no mais íntimo e próximo, é possível opor o homem aos outros viventes e, mais, organizar a complexa – e nem sempre edificante – economia das relações entre os homens e os animais.

Mas, se isso é verdade, se a separação entre o humano e o animal se passa sobretudo no interior do homem, agora é a própria questão do homem – e do "humanismo" – que deve ser colocada de um modo novo. Em nossa cultura, o homem sempre foi pensado como a articulação e a conjunção de um corpo e de uma alma, de um vivente e de um *logos*, de um elemento natural (ou animal) e de um elemento sobre-natural, social ou divino. Devemos, em vez disso, aprender a pensar o homem como aquilo que resulta da desconexão desses dois elementos e investigar não o mistério metafísico da conjunção, mas o lado prático e político da separação. O que é o homem, se este é o lugar – e, mais, o resultado – de divisões e cortes incessantes? Trabalhar sobre essas divisões, questionar-se sobre como – no homem – o homem é separado do não-homem e o animal do humano, é mais importante que tomar posição sobre grandes questões, sobre supostos valores e direitos humanos. E talvez até a esfera mais luminosa das relações com o divino dependa, de todo modo, daquela – mais obscura – que nos separa do animal.

5. Fisiologia dos bem-aventurados

"O que é este Paraíso, senão a taberna de uma farra incessante e o prostíbulo de perpétuas indecências?"

Guilherme de Paris

A leitura dos tratados medievais sobre a integridade e a qualidade do corpo dos ressurrectos é, deste ponto de vista, particularmente instrutiva. O problema que os Padres deviam abordar era, sobretudo, aquele da identidade entre o corpo ressuscitado e aquele que cabia ao homem em vida. A identidade parecia, de fato, implicar que toda a matéria que tinha pertencido ao corpo do morto deveria ressuscitar e retomar seu lugar no organismo do bem-aventurado. Mas exatamente aqui começavam as dificuldades. Se, por exemplo, a um ladrão – mais tarde arrependido e redimido – fosse amputada uma mão, deveria esta se juntar ao corpo no momento da ressurreição? E a costela de Adão – pergunta Tomás de Aquino –, da qual se formou o corpo de Eva, ressuscitará nesse ou em Adão? Por outro lado, segundo a ciência medieval, os alimentos transformam-se em carne viva por meio da digestão; no caso de um antropófago que tenha se nutrido de outros corpos humanos, isso deveria implicar que, na ressurreição, uma mesma matéria seria reintegrada em vários indivíduos? E o que dizer dos cabelos e das unhas? E do esperma, do suor, do leite, da urina e das outras secreções? Se os intestinos ressuscitam – argumenta um teólogo –, devem ressurgir vazios ou cheios. Se cheios, isso significa que mesmo a imundície ressurgirá; se vazios, haverá, a partir de então, um órgão sem qualquer função natural.

O problema da identidade e da integridade do corpo ressuscitado se converte, assim, bem rápido naquele da fisiologia da vida bem-aventurada. Como deverão ser concebidas as funções vitais do corpo paradisíaco? Para se orientar sobre um terreno tão acidentado, os Padres dispunham de um útil paradigma: o corpo edênico de Adão e Eva antes da queda. "A plantação de Deus nas delícias da Bem-Aventurada e da eterna felicidade" – escreve Escoto Erígena – "é a própria natureza humana criada à imagem de Deus."[13] A fisiologia do corpo bem--aventurado podia apresentar-se, nessa perspectiva, como uma restauração do corpo edênico, arquétipo da não corrompida natureza humana. Isso implicava, todavia, consequências que os Padres não estavam dispostos a aceitar integralmente. Certo que, como havia explicado Agostinho, a sexualidade de Adão antes da queda não se assemelhava à nossa, visto que suas partes sexuais podiam mover-se voluntariamente, tal como as mãos ou os pés, de modo que a união sexual podia acontecer sem necessidade de um estímulo de concupiscência. E a alimentação adâmica era infinitamente mais nobre que a nossa porque consistia, somente, de frutas das árvores paradisíacas. Mas, ainda assim, como conceber o uso das partes sexuais – ou mesmo do alimento – dos bem-aventurados?

Caso se admitisse, de fato, que os ressurrectos utilizariam a sexualidade para reproduzir-se e do alimento para nutrir-se, isso implicaria que o número e a forma corpórea dos homens seriam acrescidos ou transformados ao infinito, e que haveria inumeráveis bem-aventurados que não teriam vivido antes da ressurreição e cuja humanidade seria, portanto, impossível de definir. As duas principais funções da vida animal – a nutrição e a geração – estão destinadas à conservação do indivíduo c da espécie: mas, após a ressurreição, o gênero humano teria atingido um número preestabelecido e, na ausência da morte, as duas funções se tornariam totalmente inúteis. Aliás, caso os ressurrectos continuassem a comer e a reproduzir-se, o Paraíso não seria suficientemente grande não apenas para contê-los todos, nem sequer para acolher os seus excrementos, o que justifica a irônica invectiva de Guilherme de Auvergne, bispo de Paris:

"*Maledicta Paradisus in qua tantum cacatur!*" [Maldito Paraíso em que tanto se caga!]

Havia, entretanto, uma doutrina mais insidiosa, que sustentava que os ressurrectos utilizariam do sexo e do alimento não para a conservação do indivíduo ou da espécie, mas – uma vez que a beatitude consiste na perfeita operação da natureza humana – para que no Paraíso todo homem fosse bem-aventurado, tanto segundo as potências corporais quanto segundo as espirituais. Contra esses heréticos – que ele assimila aos maometanos e aos hebreus – Tomás, nas questões *De resurrectione* anexas à *Summa theologica*, reafirma com firmeza a exclusão do Paraíso do *usus venereorum et ciborum* [uso dos alimentos e do sexo]. A ressurreição – ele ensina – é dirigida não à perfeição da vida natural do homem, mas apenas àquela última perfeição que é a vida contemplativa.

> Todas aquelas operações naturais que dizem respeito ao alcançar e à conservação da primeira perfeição da natureza humana não existirão após a ressurreição... E, portanto, comer, beber, dormir e gerar pertencem à primeira perfeição da natureza, elas cessam nos ressurrectos.[14]

O mesmo autor que havia afirmado pouco antes que o pecado do homem não havia transformado em nada a natureza e a condição dos animais, proclama agora sem reservas que a vida animal está excluída do Paraíso, que a vida bem-aventurada não é, de forma alguma, uma vida animal. Consequentemente, também as plantas e os animais não encontrarão lugar no Paraíso, "corromper-se-ão segundo o todo e segundo a parte".[15] No corpo dos ressurrectos, as funções animais permanecerão "ociosas e vazias" exatamente como, segundo a teologia medieval, após a expulsão de Adão e Eva, o Éden se torna vazio de toda vida humana. Nem toda a carne será salva e, na fisiologia dos bem-aventurados, a *oikonomía* divina da salvação deixa um resto irredimível.

6. *Cognitio experimentalis**

Podemos agora avançar algumas hipóteses provisórias sobre as razões que tornam assim enigmática a representação dos justos com cabeça de animal na iluminura da Biblioteca Ambrosiana. O fim messiânico da história ou o cumprimento da *oikonomía* divina da salvação definem um princípio de crítica segundo o qual a diferença entre o animal e o humano, tão decisiva para nossa cultura, ameaça se desvanecer. A relação entre o homem e o animal delimita, assim, um âmbito essencial, no qual a pesquisa histórica deve necessariamente confrontar-se com aquela margem de ultra-história a que não se pode entrar sem envolver a filosofia primeira. Como se a determinação da fronteira entre o humano e o animal não fosse uma questão entre outras que discutem filósofos e teólogos, cientistas e políticos, mas uma operação

---

* Conhecimento experimental. [N. *da* E.]

metafísico-política fundamental, na qual apenas algo como um "homem" pode ser decidido e produzido. Caso vida animal e vida humana se sobrepusessem perfeitamente, nem o homem nem o animal – e, talvez, nem mesmo o divino – seriam ainda pensáveis. Por isso, o atingir da pós--história implica necessariamente a reatualização do limiar pré-histórico no qual aquela fronteira foi definida. O Paraíso revoga o Éden.

Em uma passagem da *Summa*, que tem o título significativo *"Utrum Adam in statu innocentiae animalibus dominaretur"* ["Adão no estado de inocência tinha domínio sobre os animais?"], Tomás de Aquino parece por um momento aproximar-se do centro do problema, evocando um "experimento cognitivo" que teria o seu lugar na relação entre o homem e o animal.

> [...] no estado de inocência [ele escreve], os homens não precisavam dos animais por necessidade corpórea: nem para se cobrirem, porque não se envergonhavam da sua nudez, dado que não havia neles algum motivo de injustificada concupiscência; não para comer, porque tiravam o seu alimento das árvores do Paraíso; nem para se deslocarem, porque tinham corpos robustos. Acima de tudo, tinham necessidade de tomar conhecimento experimental da natureza deles [*Indigebant tamen eis ad experimentalem cognitionem sumendam de naturis eorum*]. E isso é indicado pelo fato de Deus ter levado os animais ao homem, para que lhe atribuísse um nome que designasse a natureza deles.[16]

O que está em jogo neste *cognitio experimentalis* é o que devemos procurar apreender. Pois não apenas a teologia e a filosofia, mas também a política, a ética e a jurisprudência estão tensas e suspensas na diferença entre o homem e o animal. O experimento cognitivo que está em questão nesta diferença concerne em última análise à natureza do homem – mais precisamente, à produção e à definição desta natureza –, é um experimento *de hominis natura [da natureza do homem]*. Quando a diferença se desvanece e os dois termos se colapsam um sobre o outro – como parece acontecer hoje –, também a diferença entre o ser e o nada, o lícito e o ilícito, o divino e o demoníaco se torna menor e, em seu lugar, aparece algo para o qual até os nomes parecem faltar. Talvez também os campos de concentração e de extermínio sejam um experimento deste gênero, uma tentativa extrema e monstruosa de decidir entre o humano e o inumano, que acabou por envolver em sua ruína a própria possibilidade da distinção.

7. Taxonomias

"Cartesius certe non vidit simios."*

Carolus Linnaeus

Linnaeus, o fundador da taxonomia científica moderna, tinha uma queda pelos macacos. É provável que tenha tido oportunidade de vê-los de perto durante a sua jornada de estudos em Amsterdã, na época, um importante centro de comércio de animais exóticos. Mais tarde, de volta à Suécia e tornado médico principal da corte, criou em Uppsala um pequeno zoo, que compreendia macacos de várias espécies, entre os quais, conta-se, que preferia uma macaca-de-gibraltar de nome Diana. Que os macacos,

---

* "Certamente Descartes jamais viu um macaco." [N. da E.]

como os outros *bruta*, se distinguissem substancialmente do homem por serem privados de alma não era algo que ele concedesse facilmente aos teólogos. Uma nota ao *Systema naturae* liquida a teoria cartesiana que concebia os animais como *automata mechanica* [autômatos] com a afirmação entediada: "Certamente Descartes jamais viu um macaco." Em um escrito posterior, que leva o título de *Menniskans Cousiner*, primos do homem, ele explica quão árduo é identificar, do ponto de vista das ciências naturais, a diferença específica entre os macacos antropomorfos e o homem. Não que não discernisse a clara diferença que separa o homem da besta nos planos moral e religioso:

> o homem é o animal que o Criador considerou digno de honrar com uma mente tão maravilhosa e decidiu adotar como o seu favorito, reservando-lhe uma existência mais nobre; Deus enviou seu único filho à terra, para salvá-lo.[17]

Mas com tudo isso, ele concluía,

> pertence a um outro foro; no meu laboratório, devo conter-me como o sapateiro às suas formas e considerar o homem e o seu corpo como um naturalista, que não consegue encontrar outra característica que o distinga dos macacos se não o fato de estes últimos possuírem um espaço vazio entre os caninos e os outros dentes.[18]

O gesto peremptório com que, no *Systema naturae*, ele inscreve o *Homo* na ordem dos *Anthropomorpha* (que, a partir da décima edição de 1758, serão chamados de *Primates*), próximo aos *Simia, Lemur* e *Vespertilio* (morcego), não pode portanto surpreender. De resto, malgrado a polêmica que seu gesto não deixou de suscitar, a coisa, de certa forma, estava no ar. Já John Ray, em 1693, havia distinguido entre os quadrúpedes o grupo dos *Anthropomorpha*, os "semelhantes ao homem". Em geral, no *Ancien Régime*, os limites do humano são bastante mais incertos e flutuantes do que quando aparecem no século XIX, após o desenvolvimento das ciências humanas. A linguagem, que se tornaria a marca por excelência do humano, até o fim do século XVIII estava submetida às ordens e às classes, por se suspeitar que também os pássaros falassem. Uma testemunha certamente confiável como John Locke refere como coisa mais ou menos certa a história do papagaio do príncipe de Nassau, que era capaz de manter uma conversa e de responder a questões "como uma criatura razoável". Mesmo a demarcação física entre o homem e as outras espécies implicava zonas de indiferença nas quais não era possível definir identidades certas. Uma obra científica séria como a *Ichthilogia* de Peter Artedi (1738) enumerava então a sereia ao lado das focas e dos leões-marinhos, e o próprio Linnaeus, em seu *Pan Europaeus*, classifica a sereia – que o anatomista dinamarquês Caspar Bartholin chamava de *Homo marinus* – junto do homem e dos macacos. Por outro lado, também as fronteiras entre os macacos antropomorfos e certas populações primitivas eram tudo menos claras. A primeira descrição de um orangotango por parte do médico Nicolaes Tulp, em 1641, ressalta os aspectos humanos deste *Homo sylvestris* (tal é o significado da expressão malaia *orang-utan*); e foi preciso aguardar a dissertação *Orang-Outang, sive Homo Sylvestris, or, the Anatomy of a Pygmie* (1699), de Edward Tyson, para que a diferença física entre o macaco e o homem assente pela primeira vez sobre as bases sólidas da anatomia comparada. Embora essa obra seja considerada uma espécie de incunábulo da primatologia, a criatura que Tyson chama de "pigmeu" (e que 48 características distinguem anatomicamente do homem e 34 dos macacos) representa todavia para ele uma espécie de "animal intermediário" entre os macacos e o homem, e que se situa em relação a este em uma posição simetricamente oposta à do anjo.

> O animal de que forneci a anatomia [Tyson escreve na dedicatória a Lorde Falconer] é o mais próximo da humanidade e parece constituir o nexo entre o animal e o racional, assim como Sua Senhoria e aqueles de seu meio se aproximam pelo conhecimento e pela sabedoria daquele gênero de criatura que é o mais próximo acima de nós.[19]

E basta uma olhadela no título completo da dissertação para darmos conta de como os limites do humano se encontravam ainda ameaçados não apenas pelos animais reais, mas também pelas criaturas da mitologia: *Orang--Outang, sive Homo Sylvestris: or, the Anatomy of a Pygmie Compared with that of a Monkey, an Ape, and a Man. To which is Added a Philological Essay Concerning the Pygmies, the Cynocephali, the Satyrs, and Sphinges of the*

Ancients. Wherein it Will Appear that They are all Either Apes or Monkeys, and not Men, as Formerly Pretended.

Na verdade, o gênio de Linnaeus não consiste tanto na determinação com que inscreve o homem entre os primatas, mas na ironia com que – diferentemente do que fez com outras espécies – deixa de registrar ao lado do nome genérico *Homo* qualquer marca específica que não o velho adágio filosófico *nosce te ipsum* [conhece-te a ti próprio]. Mesmo quando, na décima edição, a denominação completa se torna *Homo sapiens*, o novo epíteto não representa, com toda certeza, uma descrição, mas apenas uma trivialização daquele adágio, que mantém, de resto, seu posto próximo ao termo *Homo*. Vale a pena refletir sobre essa anomalia taxonômica, que inscreve como diferença específica não um dado, mas um imperativo.

Uma análise do *Introitus* que abre o *Systema* não deixa dúvidas quanto ao sentido que Linnaeus atribuía ao seu mote: o homem não possui nenhuma identidade específica senão a de *poder* reconhecer-se. Mas definir o humano não por meio de uma *nota characteristica*, mas por meio do conhecimento de si, significa que é homem aquele que se reconhece como tal, que *o homem é o animal que deve reconhecer-se humano para sê-lo*. No momento do nascimento, escreve de fato Linnaeus, a natureza gerou o homem "nu sobre a nua terra", incapaz de conhecer, falar, caminhar, nutrir-se, se tudo isto não lhe for ensinado (*Nudus in nuda terra... cui scire nichil sine doctrina; non fari, non ingredi non vesci, non aliud naturae sponte*). Ele só se torna si mesmo caso se eleve acima do homem (*o quam contempta res est homo, nisi supra humana se erexerit*).²⁰

Em uma carta a um crítico, Johann Georg Gmelin, que lhe objetava que no *Systema* o homem parece ter sido criado à imagem dos macacos, Linnaeus responde apelando ao sentido de seu mote: "E todavia o homem reconhece-se a si próprio. Portanto, deveis cessar com essas palavras. Mas desafio a vós e ao mundo inteiro a me indicar uma diferença genérica entre os macacos e o homem que esteja de acordo com a história natural. Eu não conheço nenhuma."²¹ As anotações para responder a outro crítico, Theodor Klein, mostram a que ponto Linnaeus estava disposto a ir com a ironia implícita na fórmula *Homo sapiens*. Aqueles que, como Klein, não se reconhecem na posição que o *Systema* assegurou ao homem deveriam aplicar a si próprios o *nosce te ipsum*: não se tendo sabido reconhecer como homens, tinham-se incluído entre os macacos.

Homo sapiens não é, portanto, nem uma substância nem uma espécie claramente definida: é, sobretudo, uma máquina ou um artifício para produzir o reconhecimento do humano. Segundo o gosto da época, a máquina antropogênica (ou antropológica, como podemos chamá-la recuperando uma expressão de Furio Jesi) é uma máquina óptica (tal como, segundo os estudos mais recentes, também o dispositivo descrito no *Leviatã*, de cuja introdução talvez Linnaeus tenha tirado seu mote: *nosce te ipsum*, *read thy self* [ler o outro], como Hobbes traduz este *saying not of late understood* [ditado que ultimamente tem sido muito usado]) constituída de uma série de espelhos nos quais o homem, olhando-se, vê a própria imagem desde sempre já deformada com traços de macacos. *Homo* é um animal constitutivamente "antropomorfo" (isto é, "semelhante ao homem", segundo os termos que Linnaeus usa constantemente até a décima edição do *Systema*), que deve, para ser humano, reconhecer-se em um não-homem.

Na iconografia medieval, o macaco tem na mão um espelho, no qual o homem pecador deve se reconhecer como *simia dei* [macaco de Deus]. Na máquina óptica de Linnaeus, aquele que recusa reconhecer-se como macaco se torna um, parafraseando Pascal, *qui fait l'homme, fait le singe* [quem faz o homem faz o macaco]. Por isso, ao fim da introdução ao *Systema*, Linnaeus – que definiu *Homo* como o animal que é somente se ele próprio reconhece a si mesmo não ser – deve suportar que macacões em trajes de críticos lhe subam pelos ombros para dele zombar: *ideoque ringentium Satyrorum cachinnos, meisque humeris insilientium cercopithecorum exsultationes sustinui.*

8. Sem condição social

A máquina antropológica do humanismo é um dispositivo irônico, que verifica a ausência para o *Homo* de uma natureza própria, mantendo-o suspenso entre uma natureza celeste e uma terrena, entre o animal e o humano – e, portanto, seu ser será sempre menos e mais que ele próprio. Isso é evidente no "manifesto do humanismo" que é a oração de Pico della Mirandola, que continua inapropriadamente a se chamar *de hominis dignitate* [da dignidade humana], embora não contenha – nem poderia de forma alguma referir-se ao homem – o termo *dignitas*, que significa simplesmente "condição social". O paradigma que expressa é tudo menos edificante. A tese central da oração é, de fato, que o homem, tendo sido moldado quando os modelos da criação se encontravam todos esgotados (*iam plena omnia* [*scil. archetipa*]; *omnia summis, mediis infimisque ordinibus fuerant distributa*), não pode ter nem arquétipo, nem lugar próprio (*certam sedem*), nem condição social (*nec munus ullum peculiare*).²² Aliás, como a sua criação se deu sem um modelo definido (*indiscretae opus imaginis*), ele não possui propriamente nem mesmo uma face (*nec propriam faciem*)²³ e deve modelá-la a seu desejo de forma bestial ou divina (*tui ipsius quasi arbitrarius honorariusque plastes et fictor, in quam malueris tute formam effingas. Poteris in inferiora quae sunt bruta degenerare; poteris in superiora quae sunt divina ex tui animi sententia regenerari*).²⁴ Nessa definição através da ausência de uma face, funciona a mesma máquina irônica que três séculos mais tarde levará Linnaeus a classificar o homem entre os *Anthropomorpha*, entre os animais "semelhantes ao homem". Enquanto não há nem essência nem vocação específica, *Homo* é constitutivamente não-humano, e pode receber todas as naturezas e todas as faces (*nascenti homini omnifaria semina et omnigenae vitae germina indidit Pater*),²⁵ e Pico pôde afirmar ironicamente a inconsistência e a inclassificabilidade, definindo o "nosso camaleão" (*Quis hunc nostrum chamaeleonta non admiretur*).²⁶ A descoberta humanística do homem é a descoberta da sua falta a si mesmo, de sua irremediável carência de *dignitas*.

A essa instabilidade e inumanidade do humano corresponde, em Linnaeus, a inscrição na espécie *Homo sapiens* da enigmática variante *Homo ferus*, que parece desmentir elemento por elemento as características do mais nobre dos primatas: ele é *tetrapus* (caminha sobre quatro patas), *mutus* (desprovido de linguagem), *hirsutus* (coberto de pelos). A lista que segue na edição de 1758 especifica a identidade civil: trata-se dos *enfants sauvages* ou meninos-lobo, de que o *Systema* registra cinco aparições em menos de quinze anos: O jovem de Hannover (1724), os dois *pueri pyrenaici* (1719), a *puella transisalana* (1717) e a *puella campanica* (1731). No ponto em que as ciências do homem começam a delinear os contornos da sua *facies*, os *enfants sauvages* [garotos selvagens], que aparecem cada vez mais próximo dos limites dos vilarejos europeus, são os mensageiros da inumanidade do homem, as testemunhas da sua frágil identidade e da falta de um rosto próprio. E a paixão com que os homens do *Ancien Régime*, diante desses seres mudos e incertos, experimentam neles reconhecer-se e "humanizá-los" mostra até que ponto eles são conscientes da precariedade do humano. Como escreve lorde Monboddo no prefácio da versão inglesa da *Histoire d'une jeune fille sauvage, trouvée dans les bois à l'âge de dix ans*, eles sabiam perfeitamente que "a razão e a sensibilidade animal, por mais distintas que possamos imaginá-las, prolongam-se uma na outra por meio de transições a tal ponto imperceptíveis, que é mais difícil traçar a linha que as separa do que aquela que separa o animal do vegetal".[27] Os traços do rosto humano são – ainda que por pouco tempo – de tal maneira indecisos e aleatórios, que estão sempre a ponto de se desfazer e de se anular como aqueles de um ser momentâneo: "Quem pode dizer – escreve Diderot no

Rêve de d'Alembert – se esse bípede disforme, que mede apenas quatro pés, que nas vizinhanças do Polo ainda se chama de homem e que não tardaria a perder este nome caso se deformasse mais um pouco, não é nada além da imagem de uma espécie que passa?"[28]

9. Máquina antropológica

"Homo alalus primigenius Haeckelii..."*

Hans Vaihinger

Em 1899, Ernst Haeckel, professor na Universidade de Jena, publica na editora Kröner de Stuttgart, *Die Welträtsel*, os "Enigmas do mundo", que, contra todo o dualismo e toda metafísica, pretendia reconciliar a pesquisa filosófica da verdade com os progressos das ciências naturais. Apesar da tecnicidade e da amplitude dos problemas enfrentados, o livro superou, em poucos anos, os 150 mil exemplares e se tornou uma espécie de evangelho do progressismo científico. O título continha mais que uma alusão irônica

---

* O primigênio homem sem linguagem de Haeckel. [N. *da E.*]

ao discurso que Emil du Bois-Reymond havia feito alguns anos antes na Academia de Ciências de Berlim, no qual o célebre cientista havia listado sete "enigmas do mundo", declarando três deles "transcendentes e insolúveis", três solucionáveis, mas não ainda resolvidos e um incerto. No quinto capítulo do seu livro, Haeckel, que afirma ter resolvido parcialmente os primeiros três enigmas com a própria doutrina da substância, se concentra no "problema dos problemas", que é a origem do homem e que reúne em si, de qualquer maneira, os três problemas solucionáveis, mas ainda não resolvidos de Du Bois-Reymond. Também dessa vez ele sustenta ter resolvido definitivamente a questão através de um desenvolvimento radical e coerente do evolucionismo darwiniano.

Já Thomas Huxley, ele explica, havia mostrado como a "teoria da descendência do homem do macaco era uma consequência necessária do darwinismo";[29] mas justamente essa certeza impunha a difícil tarefa de reconstruir a história evolutiva do homem sobre a base tanto dos resultados da anatomia comparada quanto dos achados da pesquisa paleontológica. A esta tarefa Haeckel havia dedicado, já em 1874, a sua *Anthropogenie*, na qual reconstruía a história do homem desde os peixes do Siluriano até os macacos-homens ou Antropomorfos do Mioceno. Mas sua contribuição específica – da qual fica razoavelmente orgulhoso – é de ter levantado a hipótese, como uma forma de passagem dos macacos antropomorfos (ou macacos-homens) ao homem, um ser particular que ele chama de "homem-macaco" (*Affenmensch*) ou, enquanto desprovido de linguagem, *Pithecanthropus alalus*:

Dos Placentários do início do Terciário (Eoceno) derivaram os primeiros antepassados dos Primatas, os semimacacos, dos quais, no Mioceno, se desenvolveram os macacos propriamente ditos, e, mais precisamente, dos Catarrinos primeiro derivam os macacos-cães, os Cinopitecos, depois os macacos-homens ou Antropomorfos. De um ramo deste último deriva, no curso do Plioceno, o homem-macaco desprovido de linguagem: *Pithecanthropus alalus* – e deste, afinal, o homem falante.[30]

A existência desse pitecantropo ou homem-macaco, que em 1874 era simplesmente uma hipótese, torna-se realidade quando, em 1891, um médico militar holandês, Eugene Dubois, descobre, na ilha de Java, um pedaço de crânio e um fêmur semelhantes aos do homem atual e, para grande satisfação de Haeckel – de quem era um leitor entusiasta –, batizou o ser a quem pertenciam de *Pithecanthropus erectus*. "É este [afirma Haeckel peremptoriamente] o tão procurado *missing link*, o suposto elo ausente na cadeia evolutiva dos primatas, que se desenvolve sem interrupção dos macacos Catarrinos inferiores até o homem altamente desenvolvido."[31]

A ideia deste *sprachloser Urmensch* – como Haeckel também o definia – acarretava, no entanto, aporias das quais ele parece não ter se dado conta. A passagem do animal ao homem, apesar da ênfase colocada na anatomia comparada e nos achados paleontológicos, era, na realidade, produzida por meio da subtração de um elemento que não tinha nada a ver nem com uma nem com os outros, e que era, em vez disso, pressuposto como marca do humano: a linguagem. Identificando-se com isso, o homem falante põe fora de si, como já não mais humano, o próprio mutismo.

Coube oportunamente a um linguista, Heymann Steinthal – que também era um dos últimos representantes da *Wissenschaft des Judentums* que procurou aplicar os métodos da ciência moderna ao estudo do judaísmo –, desnudar as aporias implícitas na doutrina haeckeliana do *Homo alalus* e, generalizando, daquela que podemos chamar a máquina antropológica dos modernos. Em suas pesquisas sobre a origem da linguagem, Steinthal havia desenvolvido por sua conta, vários anos antes de Haeckel, a ideia de um estágio pré-linguístico da humanidade. Ele tentou imaginar uma fase da vida perceptiva do homem na qual a linguagem ainda não havia surgido, e a havia comparado com a vida perceptiva do animal; depois, procurou mostrar de que forma a linguagem poderia brotar da vida perceptiva do homem e não da do animal. Mas justamente aqui aparecia uma aporia da qual ele só viria a dar-se conta plenamente alguns anos depois:

> Nós comparamos – escrevia ele – este estágio puramente hipotético da alma humana com a animal, e encontramos no primeiro, em geral e sob vários aspectos, um excesso de força. Deixamos então que a alma humana aplicasse esse excesso à criação da linguagem. Pudemos assim mostrar por que a linguagem se originou da alma humana e das suas percepções e não da do

animal... Mas em nossa descrição das almas humana e animal tivemos que prescindir da linguagem, cuja possibilidade tratava-se então de provar. Deveria, acima de tudo, mostrar de onde vinha a força graças à qual a alma forma a linguagem; essa força capaz de criar a linguagem não poderia obviamente vir da linguagem. Por isso inventamos um estágio do homem anterior à linguagem. Mas isso é apenas uma ficção: a linguagem é, de fato, tão necessária e natural para o ser humano que sem ela o homem não pode existir nem ser pensado como existente. Ou o homem possui a linguagem, ou simplesmente não é. Por outro lado – e exatamente isso justifica a simulação –, a linguagem não pode ser considerada como já inscrita na alma humana; ela é, ao contrário, uma produção do homem, ainda que não plenamente consciente. É um estágio do desenvolvimento da alma e requer uma dedução dos estágios precedentes. Assim começa a verdadeira e própria atividade humana: essa é a ponte que conduz do reino animal ao humano... Mas quisemos explicar por meio de uma comparação do animal com o homem-animal por que apenas a alma humana construiu essa ponte, por que somente o homem, e não o animal, progride, por meio da linguagem, da animalidade à humanidade. Essa comparação nos mostra que o homem, tal como devemos imaginá-lo, ou seja, sem linguagem, é um homem-animal (*Tiermenschen*) e não um animal humano (*Menschentier*), e portanto sempre já uma espécie de homem e não uma espécie de animal.[32]

O que diferencia o homem do animal é a linguagem, mas esta não é um dado natural já inscrito na estrutura psicofísica do homem, e sim uma produção histórica que, como tal, não pode ser propriamente associada nem ao animal nem ao homem. Ao se suprimir esse elemento, a diferença entre o homem e o animal se anula, a menos que se imagine um *homem* não falante – *Homo alalus*, portanto – que deveria servir de ponte à passagem do animal ao humano. Mas isso é, claramente, apenas uma sombra trazida pela linguagem, uma pressuposição do homem falante, por meio da qual obteremos sempre e ao menos uma animalização do homem (um homem-animal, como o homem-macaco de Haeckel) ou uma humanização do animal (um macaco-homem). O homem-animal e o animal-homem são as duas faces de uma mesma fratura, que não pode ser resolvida nem de uma parte nem da outra.

Retornando alguns anos depois à sua teoria, depois de ter tomado conhecimento das teses de Darwin e de Haeckel, agora no centro do debate científico e filosófico, Steinthal se dá conta perfeitamente da contradição implícita em sua hipótese. O que ele buscava compreender era por que apenas o homem, e não o animal, cria a linguagem; mas isso significava compreender de que modo o homem se origina a partir do animal. E propriamente aqui surgia a contradição:

> O estágio pré-linguístico da intuição pode ser apenas único e não duplo, não pode ser diferente para o animal e para o homem. Caso fosse diferente, se o homem fosse

naturalmente superior aos macacos, então a origem do homem não coincidiria com a origem da linguagem, e sim com a origem da sua forma superior de intuição em relação àquela inferior do animal. Sem me dar conta, pressupunha esta origem: o homem com suas características humanas me era dado, na realidade, pela criação, e eu pretendia descobrir então a origem da linguagem no homem. Mas, desse modo, contradisse minha premissa: a de que origem da linguagem e origem do homem eram a mesma coisa; punha primeiro o homem e o deixava pois produzir a linguagem.[33]

A contradição que Steinthal assume aqui é a mesma que define a máquina antropológica que – em suas duas variantes, antiga e moderna – está em operação em nossa cultura. Enquanto nesta está em jogo a produção do humano, por meio da oposição homem/animal, humano/inumano, a máquina funciona necessariamente por meio de uma exclusão (que é já, também e sempre, uma captura) e uma inclusão (que é também uma exclusão). Justamente porque o humano já é, com efeito, pressuposto, a máquina produz na realidade um tipo de estado de exceção, uma zona de indeterminação na qual o fora não é a exclusão de um dentro e o dentro, por sua vez, tampouco é a inclusão de um fora.

Vejamos a máquina antropológica dos modernos. Essa funciona – nós o vimos – excluindo de si como não (ainda) humano um já humano, isto é, animalizando o humano, isolando o não-humano no homem: *Homo alalus*, ou o homem-macaco. E basta avançar algumas décadas em nosso campo de pesquisa e, em vez desse inócuo repertório paleontológico, teremos o judeu, isto é, o não-homem produzido no homem, ou o *néomort* [neomorto] e o paciente em estado de coma profundo, isto é, o animal isolado no próprio corpo humano.

Exatamente simétrico é o funcionamento da máquina dos antigos. Se, na máquina dos modernos, o fora é produzido por meio da exclusão de um dentro e o inumano animalizando o humano, aqui o dentro é obtido por meio da inclusão de um fora, o não-homem por meio da humanização de um animal: o macaco-homem, *l'enfant sauvage* ou *Homo ferus*, mas também e acima de tudo o escravo, o bárbaro e o estrangeiro enquanto figuras de um animal em forma humana.

Ambas as máquinas podem funcionar apenas instituindo em seu centro uma zona de indiferença, na qual deve aparecer – como um *missing link* sempre ausente porque já virtualmente presente – a articulação entre o humano e o animal, o homem e o não-homem, o falante e o vivente. Como todo espaço de exceção, essa zona é, na verdade, perfeitamente vazia, e o verdadeiramente humano que deve surgir é apenas o lugar de uma decisão incessantemente atualizada na qual a separação e sua rearticulação são sempre deslocalizadas e adiadas novamente. Isso que deveria assim ser obtido não é semelhante nem a uma vida animal nem a uma vida humana, mas somente uma vida separada e excluída de si mesma – apenas uma *nuda vida*.

E, diante dessa figura extrema do humano e do inumano, não se trata tanto de escolher qual das duas máquinas (ou das duas variantes da mesma máquina) seja melhor ou mais eficaz – ou, sobretudo, menos sanguinária e letal – quanto de compreender o seu funcionamento, para poder, eventualmente, fazê-las parar.

10. *Umwelt*

"Nenhum animal pode entrar em relação com um objeto enquanto tal."

Jakob von Uexküll

É uma sorte que o barão Jakob von Uexküll, hoje considerado um dos maiores zoólogos do século XX e um dos fundadores da ecologia, tenha se arruinado na Primeira Guerra Mundial. Já antes, como livre pesquisador, primeiro em Heidelberg, depois junto à Estação Zoológica de Nápoles, ele havia conquistado uma discreta reputação científica devido a suas pesquisas sobre a fisiologia e o sistema nervoso dos invertebrados. Mas, uma vez privado de seu patrimônio familiar, foi forçado a abandonar o sol meridional (mantendo porém uma casa de campo em Capri, onde veio a morrer em 1944 e onde, em 1926, Walter Benjamin se alojou por alguns meses) e a ingressar na Universidade de Hamburgo, fundando o Institut für Umweltforschung, que lhe proporcionou a celebridade.

As investigações de Uexküll sobre o ambiente animal são contemporâneas tanto da física quântica quanto das vanguardas artísticas. Como estas, elas exprimem o abandono sem reservas de qualquer perspectiva antropocêntrica nas ciências da vida e a radical desumanização da imagem da natureza (não deve surpreender, portanto, que desempenhassem uma forte influência tanto sobre o filósofo do século XX que mais se esforçou para separar o homem do vivente – Heidegger – quanto sobre aquele – Gilles Deleuze – que procurou pensar o animal de modo absolutamente não antropomórfico). Onde a ciência clássica via um único mundo, que compreendia dentro de si todas as espécies viventes e hierarquicamente ordenadas, das formas mais elementares aos organismos superiores, Uexküll, em vez disso, estabeleceu uma infinita variedade de mundos perceptíveis, todos igualmente perfeitos e ligados entre si como uma gigantesca partitura musical, e, embora incomunicantes e reciprocamente exclusivos, em cujo centro estão pequenos seres familiares e ao mesmo tempo distantes chamados *Echinus esculentus*, *Amoeba terricola*, *Rhizostoma pulmo*, *Sipunculus*, *Anemonia sulcata*, *Ixodes ricinus* etc. Por isso, Uexküll define como "passeios por mundos incognoscíveis" suas reconstruções do ambiente do ouriço-do-mar, da ameba, da água-viva, do verme-do-

-mar, da anêmona-marinha, do carrapato – estes são seus nomes comuns – e de outros minúsculos organismos que ele privilegiava, porque sua unidade funcional com o ambiente parecia extremamente distante daquela do homem e dos animais considerados superiores.

Com demasiada frequência – afirma ele –, nós imaginamos que as relações que um determinado sujeito animal mantém com as coisas de seu ambiente têm lugar no mesmo espaço e no mesmo tempo daquelas que o ligam aos objetos de nosso mundo humano. Essa ilusão repousa sobre a crença em um único mundo no qual se situariam todos os seres viventes. Uexküll mostra que tal mundo unitário não existe, assim como não existe um tempo e um espaço iguais para todos os viventes. A abelha, a libélula ou a mosca que observamos voar em torno de nós em um dia de sol não se movem no mesmo mundo em que nós as observamos, nem dividem conosco – ou entre elas – o mesmo tempo e o mesmo espaço.

Uexküll começa por distinguir com cuidado o *Umgebung*, o espaço objetivo no qual vemos mover-se um ser vivente, do *Umwelt*, o mundo-ambiente que é constituído de uma série mais ou menos ampla de elementos que ele chama de "portadores de significados" (*Bedeutungsträger*) ou de "marcas" (*Merkmalträger*), que são os únicos que interessam ao animal. O *Umgebung* é, na realidade, o nosso próprio *Umwelt*, a que Uexküll não atribui nenhum privilégio particular e que, como tal, pode também variar segundo o ponto de vista do qual o observamos. Não existe uma floresta como ambiente objetivamente determinado: existe uma floresta-para--o-guarda-florestal, uma floresta-para-os-caçadores, uma floresta-para-os-botânicos, uma floresta-para--os-viajantes, uma floresta-para-o-amigo-da-natureza, uma floresta-para-o-lenhador e, por fim, uma floresta de fábula na qual se perde a Chapeuzinho Vermelho. Até um mínimo detalhe – por exemplo, o caule de uma flor-do-campo –, quando considerado na qualidade de portador de significado, constitui a cada vez um elemento diferente em um ambiente diverso; por exemplo, de que se o observe no ambiente de uma garota que colhe flores para fazer um ramalhete pregado ao seu vestido; no da formiga que se serve dele como trajeto ideal para conseguir seu alimento no cálice da flor; naquele da larva da cigarra que lhe perfura o canal medular, utiliza-o, pois, como uma bomba para construir as partes fluidas de seu casulo aéreo e, por fim, no da vaca que simplesmente o mastiga e engole para se alimentar.

Cada ambiente é uma unidade fechada em si mesma, que resulta da seleção prévia de uma série de elementos ou de "marcas" no *Umgebung*, que, por sua vez, não é senão o ambiente do homem. A primeira tarefa do pesquisador que observa um animal é reconhecer os portadores de significado que constituem o ambiente. Estes não são, no entanto, objetiva e factualmente isolados, mas constituem uma estreita unidade funcional – ou, como prefere dizer Uexküll, musical – com os órgãos receptores dos animais destinados a perceber a marca (*Merkorgan*) e a reagir a ela

(*Wirkorgan*). Tudo ocorre como se o portador de significado externo e seu receptor no corpo do animal constituíssem dois elementos de uma mesma partitura musical, quase duas notas no "teclado sobre o qual a natureza segue a sinfonia extratemporal e extraespacial da significação", sem que seja possível dizer como nunca dois elementos tão heterogêneos tenham podido se ligar tão intimamente.

Considere-se, sob essa perspectiva, uma teia de aranha. A aranha não sabe nada sobre a mosca, nem pode tomar-lhe as medidas, como faz uma costureira para confeccionar um vestido para a sua cliente. E todavia ela determina a amplitude das malhas da sua teia segundo as dimensões do corpo da mosca e confere a resistência dos fios na exata proporção da força do choque do corpo da mosca em voo. Os fios radiais são, além disso, mais sólidos que os circulares, porque estes – que, ao contrário dos primeiros, são recobertos por um líquido viscoso – devem ser suficientemente elásticos para poder aprisionar a mosca e impedi-la de voar. Quanto aos fios radiais, são lisos e secos, porque a aranha se serve deles como um atalho para se atirar sobre sua presa e a envolver definitivamente em sua invisível prisão. O fato mais surpreendente é que os fios da teia são exatamente proporcionais à capacidade visual do olho da mosca, que não pode vê-los e voa, portanto, para a morte sem perceber. Os dois mundos perceptivos da mosca e da aranha são absolutamente incomunicáveis e, todavia, estão tão perfeitamente de acordo que se diria que a partitura original da mosca, que também se pode chamar de sua imagem original ou seu arquétipo, age sobre a da aranha de tal modo que a teia que esta tece pode ser qualificada como "moscal". Embora a aranha não possa de forma alguma ver o *Umwelt* da mosca (Uexküll afirma, formulando um princípio que haveria de ser consagrado, que "nenhum animal pode entrar em relação com um objeto como tal", mas somente com os próprios portadores de significado), a teia exprime a paradoxal coincidência dessa cegueira recíproca.

As pesquisas do fundador da ecologia seguem poucos anos às de Paul Vidal de La Blache sobre as relações entre as populações e seu ambiente (o *Tableau de la géographie de la France* é de 1903) e as de Friedrich Ratzel sobre o *Lebensraum*, o "espaço vital" dos povos (a *Politische Geographie* é de 1897), que viriam revolucionar profundamente a geografia humana do século XX. E não está excluído que a tese central de *Sein und Zeit* [*Ser e tempo*] sobre o ser-no-mundo (*in-der--Welt-sein*) como estrutura humana fundamental possa ser lida de alguma maneira como uma resposta a todo esse âmbito problemático que, no início do século, modifica essencialmente a relação tradicional entre o vivente e o seu mundo-ambiente. Como é sabido, as teses de Ratzel, segundo as quais todo povo é intimamente ligado ao seu espaço vital como a sua dimensão essencial exerceram uma notável influência na geopolítica do nazismo. Essa proximidade é marcada na biografia intelectual de

Uexküll em um episódio curioso. Em 1928, cinco anos antes do advento do nazismo, esse cientista tão sóbrio escreveu um prefácio aos *Grundlagen des neunzehnten Jahrhunderts*, de Houston Chamberlain, hoje considerado um dos precursores do nazismo.

11. Carrapato

"O animal possui memória, mas nenhuma recordação."

Heymann Steinthal

Os livros de Uexküll contêm, às vezes, ilustrações que procuram sugerir como seria um segmento do mundo humano visto do ponto de vista do ouriço, da abelha, da mosca ou do cão. O experimento é útil pelo efeito de desorientação que produz no leitor, de súbito obrigado a observar com olhos não humanos os lugares que lhe são mais familiares. Mas nunca essa desorientação alcançou a força realista que Uexküll foi capaz de imprimir à sua descrição do ambiente do *Ixodes ricinus*, conhecido mais comumente como carrapato, que constitui certamente um ponto alto do anti-humanismo moderno, para ser lido com *Ubu rei* e *Monsieur Teste*.

O exórdio possui os tons do idílio:

> O habitante da campanha que percorre frequentemente os bosques e a mata acompanhado do seu cão não pode deixar de conhecer uma minúscula besta que, suspensa em um galho, aguarda sua presa, homem ou animal, para deixar-se cair sobre sua vítima e embebedar-se com o seu sangue... No momento de sair do ovo, ela não está ainda completamente formada: faltam-lhe um par de pernas e os órgãos genitais. Mas já é capaz, nesse estágio, de atacar os animais de sangue frio, como a lagartixa, posicionando-se sobre a ponta de uma folha de grama. Após algumas mutações sucessivas, adquire os órgãos que lhe faltavam e pode, assim, dedicar-se à caça de animais de sangue quente. Quando a fêmea é fecundada, escala com suas oito patas até a extremidade de um galho, para poder deixar-se cair de uma altura suficiente sobre pequenos mamíferos de passagem ou para chocar-se com animais de maior tamanho.[34]

Tentemos imaginar, seguindo as indicações de Uexküll, o carrapato suspenso em seu arbusto em um belo dia de verão, imerso na luz solar e circundado pelas cores e pelos perfumes das flores-do-campo, do zumbido das abelhas e dos outros insetos, do canto dos pássaros. Mas, com tudo isso, o idílio se acaba porque o carrapato não percebe absolutamente nada.

CARRAPATO

Esse animal é desprovido de olhos e encontra seu local de emboscada graças apenas à sensibilidade de sua pele à luz. Esse bandido de rua é completamente cego e surdo e só percebe o aproximar-se de sua presa através do odor. O odor do ácido butírico, que emana dos folículos sebáceos de todos os mamíferos, age sobre ele como um sinal que o leva a abandonar o seu posto e a deixar-se cair às cegas na direção de sua presa. Se a boa sorte o faz cair sobre qualquer coisa quente (que percebe graças a um órgão sensível a uma determinada temperatura), isso significa que ele atingiu seu objetivo, o animal de sangue quente, e não possui qualquer necessidade senão o seu sentido tátil para encontrar um lugar mais desprovido possível de pelos e enfiar-se até a cabeça no tecido cutâneo do animal. Então pode sugar lentamente um jorro de sangue quente.[35]

Seria lícito esperar, a essa altura, que o carrapato ame o gosto de sangue, ou que possua ao menos um sentido para perceber o sabor. Mas não é assim. Uexküll nos informa que seguidos experimentos em laboratório, utilizando membranas artificiais preenchidas com diversos tipos de líquidos, mostraram que o carrapato é absolutamente desprovido do sentido do paladar: ele absorve qualquer líquido que esteja na temperatura adequada, isto é, os 37 graus correspondentes à temperatura dos mamíferos. Seja como for, o banquete de sangue do carrapato é também seu festim fúnebre, porque não lhe resta mais nada a fazer a não ser deixar-se cair ao solo, depositar os ovos e morrer.

O exemplo do carrapato mostra com clareza a estrutura geral do ambiente própria de todos os animais. Neste caso particular, o *Umwelt* se reduz a apenas três portadores de significado ou *Merkmalträger*: 1) o odor do ácido butírico contido no suor de todos os mamíferos; 2) a temperatura de 37 graus correspondente à do sangue dos mamíferos; 3) a tipologia da pele própria dos mamíferos, em geral provida de pelos ou irrigada por vasos sanguíneos. Mas a esses três elementos ele se une em uma relação de tal forma intensa e apaixonada que não é possível encontrar equivalente nas relações que ligam o homem ao seu mundo, aparentemente muito mais rico. O carrapato é essa relação e não vive a não ser nela e para ela.

Somente nesse ponto, todavia, Uexküll nos informa que, no laboratório de Rostock, um carrapato foi mantido vivo por 18 anos sem alimentação, isto é, em condições de absoluto isolamento do seu ambiente. Desse fato singular ele não nos fornece nenhuma explicação, limitando-se a supor que durante esse "período de espera" o carrapato se encontrava em "uma espécie de sono semelhante àquele que nós experimentamos toda noite". Salvo por nos apresentar a consequência de que "sem um sujeito vivente o tempo não pode existir".[36] Mas o que ocorre com o carrapato e com o seu mundo nesse estado de suspensão que dura 18 anos? Como é possível que um ser vivente, que consiste inteiramente na sua relação com o ambiente, possa sobreviver em absoluta privação dele? E que sentido faz falar de "espera" sem tempo e sem mundo?

12. Pobreza de mundo

"O comportamento do animal nunca é um apreender algo como algo."

Martin Heidegger

No semestre do inverno de 1929-1930, Martin Heidegger intitula o seu curso na Universidade de Freiburg *Die Grundbegriffe der Metaphysik. Welt – Endlichkeit – Einsamkeit*. Em 1975, um ano antes de sua morte, ao licenciar o texto do curso para publicação (que haveria de sair apenas em 1983, como volume XXIX-XXX das *Gesamtausgabe*), ele escreve *in limine* uma dedicatória a Eugen Fink, recordando que ele "havia expressado repetidamente o desejo de que este curso fosse publicado antes de todos os outros". Da parte do autor, é certamente um modo discreto de reafirmar a importância que ele mesmo atribuíra – e ainda atribuía – àquelas lições. O que justifica, no plano da teoria, esse privilégio cronológico? Por que essas lições precedem idealmente todas as outras – isto é, 45 volumes que, segundo o projeto das *Gesamtausgabe*, deveriam conter os cursos de Heidegger?

A resposta não nos é certa, até porque o curso, ao menos à primeira vista, não corresponde ao seu título e não se apresenta de forma alguma como uma introdução aos conceitos fundamentais de uma disciplina assim especial como a "filosofia primeira". É dedicado inicialmente a uma ampla análise – cerca de duzentas páginas – ao "tédio profundo" como tonalidade emotiva fundamental e, logo depois, a uma investigação ainda mais ampla sobre a relação do animal com o seu ambiente e do homem com o seu mundo.

Por meio da relação entre a "pobreza de mundo" (*Weltarmut*) do animal e o homem "formador de mundo" (*weltbildend*), trata-se, para Heidegger, de situar a própria estrutura fundamental do *Dasein* – o ser-no-mundo – em relação ao animal e, dessa maneira, interrogar a origem e o sentido da abertura produzida no ser vivo com o homem. Heidegger, como é sabido, refutava constantemente a definição metafísica tradicional do homem como *animal rationale* [animal racional], o ser vivo que possui a linguagem (ou a razão), quase como se o ser do homem fosse determinável por meio da adição de qualquer coisa ao "simplesmente vivo". Nos parágrafos 10 e 12 de *Sein und Zeit*, ele procura assim mostrar como a estrutura do ser-no-mundo própria do *Dasein* é sempre pressuposta em qualquer concepção (seja filosófica ou científica) da vida, de modo que esta é sempre obtida, na verdade, "pela via de uma interpretação privativa" a partir daquela.

> A vida é um modo de ser particular, mas essencialmente acessível apenas no *Dasein*. A ontologia da vida se sustenta por via de uma interpretação privativa; ela determina, assim, o que deve ser, para que algo como um nada-mais-que-vida [*nur-noch-Leben*] possa ser. A vida não é um mero estar-disponível nem tampouco *Dasein*. O *Dasein*, de sua parte, nunca é determinável ontologicamente de forma que se o considere primeiro como vida (ontologicamente indeterminada) depois se lhe acrescente ainda algo.[37]

É esse jogo metafísico de pressuposição e reenvio, privação e suplemento, entre o animal e o homem, que as lições de 1929-1930 põem tematicamente em questão. O confronto com a biologia – que em *Sein und Zeit* se esgotou em poucas linhas – é então retomado, na tentativa de pensar de modo ainda mais radical a relação entre o simplesmente vivo e o *Dasein*. Mas é justamente aqui que a aposta se revela decisiva, a ponto de tornar compreensível a exigência de que estas lições fossem publicadas antes de todas as outras. Porque no abismo – e, portanto, na singular proximidade – que a prosa sóbria do curso abre entre o animal e o humano não é somente a *animalitas* que perde toda familiaridade e que aparece como "aquilo que é mais difícil de pensar", mas também a *humanitas* se apresenta como algo de inalcançável e ausente, suspensa como é, entre um "não-poder-ficar" e um "não-poder-deixar-o-lugar".

A linha de força que guia a exposição de Heidegger é constituída por uma tese tripla: "a pedra é sem mundo [*weltlos*], o animal é pobre de mundo [*weltarm*], o homem é formador de mundo [*weltbildend*]". Uma vez que a pedra (o não-vivente) – por carecer de qualquer acesso possível ao que a circunda – é rapidamente colocada à parte, Heidegger pode começar a sua indagação com a tese intermédia, afrontando imediatamente o problema do que se deve entender por "pobreza de mundo". A análise filosófica aqui é inteiramente orientada pelas pesquisas da biologia e da zoologia contemporâneas, em particular as de Hans Driesch, de Karl von Baer, de Johannes Müller e, sobretudo, de seu aluno Jakob von Uexküll. De fato, não só as pesquisas de Uexküll são definidas como "a coisa mais frutífera que a filosofia pode fazer a respeito da biologia hoje dominante", como sua influência sobre os conceitos e sobre a terminologia das lições é ainda mais ampla do que o próprio Heidegger reconhece quando escreve que as palavras de que se serve para definir a pobreza de mundo dos animais não exprimem nenhuma diferença do que Uexküll designa pelos termos *Umwelt* e *Innenwelt*.[38] Heidegger chama de *das Enthemmende*, o desinibidor, aquilo que Uexküll definia como "portador de significado" (*Bedeutungsträger, Merkmalträger*) e *Enthemmungsring*, círculo desinibidor, isto é, o que o zoólogo chamava de *Umwelt*, ambiente. Ao *Wirkorgan* de Uexküll corresponde em Heidegger o *Fähigsein zu*, o ser-capaz de..., que define o órgão em relação ao meio meramente mecânico. O animal está preso no círculo dos seus próprios desinibidores assim como, segundo afirma Uexküll, nos poucos elementos que definem o seu mundo perceptivo. Por isso, assim como para Uexküll, o animal, "se entra em relação com outro, somente pode encontrar aquilo que toca seu ser-capaz e que assim o põe em movimento. Todo o resto não é *a priori* capaz de penetrar no círculo do animal".[39]

Mas é na interpretação do relacionamento do animal com o seu círculo desinibidor e na investigação do modo de ser dessa relação que Heidegger se afasta do seu modelo para elaborar uma estratégia na qual a compreensão da "pobreza de mundo" e do mundo humano seguem *pari passu*.

O modo de ser próprio do animal, que define a sua relação com o desinibidor, é o atordoamento (*Benommenheit*). Heidegger joga aqui com uma repetida figura etimológica, o parentesco entre os termos *benommen* (atordoado, tonto, mas também tomado, paralisado), *eingenommen* (aprisionado, absorvido) e *Benehmen* (comportamento), que remetem todos ao verbo *nehmen*, pegar (do radical indo-europeu *nem*, que significa compartilhar, dar em sorte, atribuir). Enquanto está essencialmente atordoado e integralmente absorvido pelo próprio desinibidor, o animal não pode agir verdadeiramente (*handeln*) ou possuir uma conduta (*sich verhalten*) em relação a este: pode apenas comportar-se (*sich benehmen*).

> O comportamento como modo de ser é, em geral, possível apenas em virtude da absorção [*Eingenommenheit*] do animal em si mesmo. Nós definimos o específico estar-cerca-de si do animal, que não tem nenhuma relação com a ipseidade [*Selbstheit*] do homem que possui uma conduta enquanto pessoa, esta absorção do animal na qual são possíveis todos e quaisquer comportamentos, com o termo atordoamento. Somente porque o animal é em sua essência atordoado ele pode comportar-se... O atordoamento é a condição de possibilidade graças à qual o animal, segundo a sua essência, *se comporta em um ambiente, mas nunca em um mundo* [*in einer Umgebung sich benimmt, aber nie in einer Welt*].[40]

Como exemplo expressivo do atordoamento, que nunca pode abrir-se a um mundo, Heidegger se refere ao experimento (já descrito por Uexküll) no qual uma abelha é colocada, no laboratório, diante de um copinho de mel. Se depois de a abelha começar a sugar o mel um corte é feito em seu abdômen, ela continua tranquilamente a sugar enquanto se vê o mel escorrer por fora de seu abdômen aberto.

> Isso demonstra de modo convincente que a abelha, de fato, não percebe que há mel demais. Não percebe nem mesmo – o que seria ainda mais óbvio – a falta de seu abdômen. Nem mesmo idealmente, pois continua

sua prática instintiva [*Treiben*], exatamente porque não constata que ainda há mel. Ademais, ela é simplesmente absorvida por seu alimento. Este *estar absorvido* é possível apenas onde está presente um movimento instintivo "em direção a" [*treibhaftes Hin-zu*]. Este ser absorvido numa tal impulsão exclui ao mesmo tempo a possibilidade de constatar um ser disponível [*Vorhandensein*]. É justamente o ser absorvido pelo alimento que impede o animal de se confrontar [*sich gegenüberstellen*] com ele.[41]

Nesse momento, Heidegger se interroga sobre o caráter de abertura específico do atordoamento, começando assim ao mesmo tempo a delinear um relevo negativo da relação entre o homem e o seu mundo. Ao que está aberta a abelha, o que o animal conhece quando entra em relação com o seu desinibidor?

Continuando a jogar com os compostos do verbo *nehmen*, ele escreve que não há um perceber (*vernehmen*), mas apenas um comportamento instintivo (*benehmen*), enquanto ao animal é subtraída (*genommen*) "a própria possibilidade de perceber algo enquanto algo, e não aqui e agora, mas subtraída no sentido de não dada".[42] Se o animal está atordoado, é porque essa possibilidade lhe é radicalmente retirada:

> o atordoamento [*Benommenheit*] do animal significa portanto: essencial subtração [*Genommenheit*] de toda percepção de algo enquanto algo e por isso: enquanto subtração, um ser-absorvido [*Hingenommenheit*] por...;

o atordoamento do animal significa, portanto e antes de tudo, o modo de estar em conformidade ao qual, ao animal, em seu referir-se a algo de outro, é subtraída, ou, como também se diz, impedida [*benommen*] a possibilidade de colocar-se em relação e referir-se àquele, a este outro, enquanto este e este em geral, enquanto disponível, enquanto ente. Justamente enquanto ao animal é subtraída esta possibilidade de apreender enquanto algo aquilo a que isso se refere, por isso mesmo ele pode ser absorvido pelo outro deste modo absoluto.[43]

Depois de ter introduzido assim o ser em negativo – por meio de sua subtração – no ambiente do animal, Heidegger, em uma das páginas mais densas de seu curso, busca precisar ulteriormente o particular estatuto ontológico ao qual o animal se remete no atordoamento.

No atordoamento, o ente não é revelado [*offenbar*], não é descoberto, mas justamente por isso *tampouco é fechado*. O atordoamento está fora dessa possibilidade. Não podemos dizer: o ente está fechado ao animal. Isso só poderia acontecer se houvesse alguma possibilidade, mesmo que mínima, de abertura. O atordoamento do animal o coloca, ao contrário, essencialmente fora da possibilidade de que o ente lhe seja aberto ou fechado. O atordoamento é a essência do animal e significa: o animal, enquanto tal, não se encontra em possibilidade de desvelamento do ente. Nem o seu assim chamado ambiente nem ele próprio são revelados enquanto entes.[44]

A dificuldade advém aqui de que o modo de ser que precisa ser entendido não é nem aberto nem fechado, pois que o estar em relação com ele não pode ser propriamente definido como uma verdadeira relação, como um ter que fazer.

> Por causa de seu atordoamento e do conjunto de suas capacidades, o animal é impelido sem pausa em uma multiplicidade instintiva, ele carece fundamentalmente da possibilidade de entrar em relação com o ente que ele próprio não é, assim como com o ente que ele próprio é. Em virtude desse ser impelido sem descanso, o animal se encontra, por assim dizer, suspenso entre si mesmo e o ambiente, sem poder experimentar *enquanto* ente nem um nem outro. E, todavia, este não-possuir o desvelamento do ente é, enquanto subtração da possibilidade do desvelamento, ao mesmo tempo, um ser-absorvido por... Devemos dizer agora que o animal está em relação com..., que o atordoamento e o comportamento apresentam uma abertura a... A quê? Como deve ser caracterizado o que na abertura específica do ser-absorvido se choca, de qualquer forma, no ser induzido do atordoamento instintivo?[45]

A definição ulterior do estatuto ontológico do desinibidor conduz ao cerne da tese sobre a pobreza de mundo como característica essencial do animal. O não poder ter-o-que--fazer não é puramente negativo: ele é, de fato e à sua maneira, uma forma de abertura e, mais precisamente, uma abertura que, não obstante, jamais revela o desinibidor enquanto ente.

> Se o comportamento não é uma relação com o ente, será então uma relação com o nada? Não! Mas se não com o nada, então com algo, que, então, deve *ser* e *é*. Certo – mas a questão é exatamente se o comportamento não seria precisamente uma relação com... de tal forma que aquilo a que o comportamento como não ter-o-que-fazer se refere é, para o animal, de certa maneira, aberto [*offen*], o que não quer dizer, porém, efetivamente revelado [*offenbar*] enquanto ente.⁴⁶

O estatuto ontológico do ambiente animal pode ser assim definido: ele é *offen* (aberto), mas não *offenbar* (revelado, literalmente "passível de abertura"). O ente, para o animal, é aberto, mas não acessível; isto é, é aberto em uma inacessibilidade e em uma opacidade – ou seja, de qualquer modo, em uma não-relação. Essa *abertura sem desvelamento* define a pobreza de mundo do animal em relação à formação de mundo que caracteriza o humano. O animal não é simplesmente desprovido de mundo porque, enquanto é aberto no atordoamento, deve – diferentemente da pedra, desprovida de mundo – precisar, necessitar (*entbehren*), isto é, pode ser determinado em seu ser por uma pobreza e uma falta:

> precisamente porque em seu atordoamento o animal mantém relação com tudo o que se encontra no círculo da desinibição é que não se encontra ao lado do homem e não possui mundo. Todavia, esse não ter mundo tampouco leva – e por uma razão essencial – o animal para o lado da pedra. De fato, o ser-capaz instintivo

do atordoamento absorvido, isto é, do estar absorvido pelo desinibidor, é um ser aberto a..., mesmo que com a característica de não-ter-que-fazer. A pedra, ao contrário, não possui nem mesmo essa possibilidade. De fato, não-ter-que-fazer pressupõe um ser-aberto. O animal possui em sua essência esse ser aberto. O ser aberto no atordoamento é um ter essencial do animal. Em virtude desse ter, ele pode renunciar (*entbehren*), ser pobre, ser determinado em seu ser pela pobreza. Este ter, decerto, *não é possuir um mundo*, mas um ser absorvido pelo cerco desinibidor – *é possuir o desinibidor*. Mas porque este possuir é o ser aberto para o desinibidor e, todavia, deste ser aberto é subtraída justamente a possibilidade de se ter revelado o desinibidor enquanto ente, então, o possuir do ser aberto é um não-possuir e, mais precisamente, um não-ter um mundo, se é verdade que ao mundo pertence a possibilidade de desvelamento do ente enquanto tal.[47]

13. O aberto

> "Nem a cotovia vê o aberto."
>
> Martin Heidegger

O que está em jogo, no curso, é a definição do conceito de "aberto" como um dos nomes, na verdade como o nome *kat'exochén,* do ser e do mundo. Mais de dez anos depois, em plena guerra mundial, Heidegger retorna a esse conceito e lhe traça uma sumária genealogia. Que ele tinha sua origem na oitava *Elegia de Duíno* era, de certo modo, previsto; mas, em sua assunção como nome do ser ("o aberto em que todo ente é liberado... é o ser mesmo"),[48] o termo rilkiano sofre uma alteração essencial, que Heidegger procura de todas as maneiras ressaltar. Na oitava Elegia, de fato, está o animal (*die Kreatur*) a ver o aberto "com todos os olhos", decididamente oposto ao homem, cujos olhos, ao contrário, estão "revirados" e posicionados "como armadilhas" dirigidas a ele mesmo. Enquanto o homem tem sempre diante de si o mundo, está sempre e apenas "diante" (*gegenüber*) e nunca atinge o "espaço puro" do fora, o animal se move, em vez disso, no aberto, em um "de parte alguma sem não".

É exatamente essa transformação da relação hierárquica entre o homem e o animal que Heidegger retoma e coloca em questão. Antes de tudo, escreve ele, caso se pense no aberto como nome daquilo que a filosofia pensou como *alétheia,* isto é, como a ilatência-latência do ser, então não há aqui verdadeiramente uma inversão, porque o aberto evocado por Rilke e o aberto que a argumentação de Heidegger busca restituir ao pensamento não possuem nada em comum. "O aberto de que trata Rilke não é o aberto no sentido do desvelado. Rilke não sabe nem intui nada sobre a *alétheia*; não sabe e não intui nada, assim como Nietzsche."[49] Tanto em Nietzsche quanto em Rilke está em operação aquele esquecimento do ser "que está na base do biologismo do século XIX e da psicanálise" e cuja última consequência é "uma monstruosa antropomorfização do animal... e uma correspondente animalização do homem".[50] O aberto que nomeia o desvelamento do ente, somente o homem, e mais, apenas o olhar essencial do pensamento autêntico, o pode ver. O animal, ao contrário, nunca vê este aberto.

É justamente por isso que ele não pode nem mesmo se mover no fechado enquanto tal e ainda menos se referir ao que está velado. O animal é excluído do âmbito essencial do conflito entre desvelamento e velamento, e o significado de tal exclusão é o fato de que nenhum animal e nenhuma planta possui a palavra.[51]

É neste ponto que Heidegger – em uma página extremamente densa – evoca explicitamente o problema da diferença entre ambiente animal e mundo humano, que estava no centro do curso de 1929-1930:

> O animal está, de fato, em relação com o ambiente em que encontra nutrição, com seu território de caça e com o grupo de seus semelhantes, e o faz de modo essencialmente diverso daquele da pedra em relação com o terreno sobre o qual jaz. No círculo do vivente próprio da planta e do animal, encontramos o característico mover-se de uma motilidade em conformidade com a qual estimula o vivente, é estimulado, vale dizer, incitado a abrir-se em um campo de excitabilidade, na base do qual ele inclui alguma outra coisa no âmbito de seu mover-se. Mas nenhuma motilidade e nenhuma excitabilidade da planta ou do animal podem levar o vivente ao liberto de modo tal que o excitado possa deixar o excitante ser apenas aquilo que é enquanto excitante, para não falar daquilo que ele é antes de excitar e sem excitar. Plantas e animais dependem de coisas que lhes são externas, sem nunca "ver", porém, nem o fora nem o dentro, isto é, sem nunca ver de fato seu ser desvelado na liberdade do ser.

Uma pedra (assim como um avião) não pode pois lançar-se exultante em direção ao sol nem se mover como uma cotovia, embora a cotovia tampouco possa ver o aberto.[52]

A cotovia (este símbolo, em nossa tradição poética, do mais puro ímpeto amoroso – pensem na *lauzeta* de Bernard de Ventadour) não vê o aberto porque, no exato momento em que se lança com total abandono em direção ao sol, fica cega a ele, não pode nunca desvelá-lo como ente e tampouco se referir de qualquer forma ao seu velamento (exatamente como o carrapato de Uexküll em relação a seus desinibidores). E justamente porque, na poesia de Rilke, o "limite essencial entre o enigma do vivente e o enigma do que é histórico"[53] não aparece nem experimentado nem tematizado, a palavra poética permanece aquém de uma "decisão capaz de fundar a história", constantemente exposta ao risco de "um transbordamento e de uma infundada antropomorfização do animal" que o coloca acima do homem para produzir, em um certo sentido, um "super-homem".[54]

Se o problema, portanto, é a definição da fronteira – isto é, ao mesmo tempo a separação e a proximidade – entre o animal e o humano, talvez seja o momento de tentar estabelecer o estatuto ontológico paradoxal do ambiente animal assim como aparece no curso de 1929-1930. O animal é, simultaneamente, aberto e não aberto – ou melhor, não é nem uma coisa nem outra: é *aberto em um não-desvelamento* que, por um lado, o atordoa e desloca com tremenda violência para o seu desinibidor e, por outro, não desvela de modo algum como um ente, o que contudo o mantém tão envolto e absorvido. Heidegger parece oscilar aqui entre dois polos opostos, que de alguma forma remetem ao paradoxo do conhecimento – ou, sobretudo, do inconhecimento – místico. De um lado, o atordoamento é uma abertura mais intensa e arrebatadora que qualquer experiência do conhecimento humano; de outro, enquanto não está apto a desvelar o seu desinibidor, permanece fechado em uma opacidade integral. Atordoamento animal e abertura do mundo parecem assim estar em relação entre si como a teologia negativa e a teologia positiva, e sua relação é, entretanto, ainda mais ambígua que a que opõe e liga, em uma cumplicidade secreta, simultaneamente, a noite obscura do misticismo e a clareza do conhecimento racional. E talvez seja devido a uma alusão tácita e irônica a essa relação que Heidegger sinta, em certo momento, a necessidade de ilustrar o atordoamento animal por meio de um dos mais antigos símbolos da *unio mystica*, a mariposa, que se deixa queimar pela chama que a atrai e que permanece obstinadamente desconhecida para ela até seu último momento. O símbolo mostra aqui sua inadequação porque, segundo os zoólogos, aquilo a que, antes de tudo, a mariposa é cega consiste exatamente na não-abertura do desinibidor, o seu permanecer atordoada nele. Enquanto o conhecimento místico é essencialmente experiência ligada a um inconhecimento e a um velamento como tal, o animal não pode referir-se ao não-aberto e permanece excluído exatamente do conflito entre desvelamento e velamento.

No entanto, a pobreza de mundo do animal se inverte, por vezes, no curso em uma riqueza incomparável, e a tese segundo a qual o animal carece de mundo é colocada em questão por se tratar de uma projeção indevida do mundo humano sobre o mundo animal:

> A dificuldade do problema consiste no fato de que, em nosso questionamento, devemos interpretar essa pobreza e esse peculiar circundar do animal colocando a questão como se aquilo a que o animal se reporta fosse um ente, e a relação, uma relação ontológica manifesta ao animal. O fato de que não seja assim nos remete à tese de que *a essência da vida é acessível apenas na forma de uma observação destrutiva*, o que não quer dizer que a vida seja, em comparação com o ser humano, de menor valor, ou que esteja em um nível inferior. Em vez disso, a vida é um âmbito que possui uma riqueza de ser aberto que o mundo do homem talvez não conheça totalmente.[55]

Mas quando parece que a tese deva ser abandonada sem reservas e o ambiente animal e o mundo humano parecem separar-se em uma heterogeneidade radical, Heidegger a apresenta novamente por meio de uma referência à celebre passagem da Epístola aos Romanos 8,19, na qual Paulo evoca a pungente espera da criatura pela redenção, de modo que a pobreza de mundo do animal agora parece refletir "um problema interno à própria animalidade":

> Devemos então deixar aberta a possibilidade de que a compreensão autêntica e explicitamente metafísica da essência do mundo nos obrigue a compreender, apesar de tudo, o não ter mundo do animal como um fazer de menos, e a encontrar no modo de ser do animal como tal um ser-pobre. Que a biologia não conheça nada semelhante não prova nada contra a metafísica. Que talvez apenas os poetas de quando em quando falem dela é um argumento que a metafísica não pode lançar ao vento. No fundo, não é necessária a fé cristã para compreender qualquer coisa das palavras que Paulo (*Romanos* 8,19) escreve sobre *apokaradokía tēs ktíseōs*, sobre a pungente espera da criatura e da criação, cujas vias, conforme está escrito também no livro de Esdras 4,7-12, nesse *aión*, se tornam angustiantes, tristes e cansativas. Mas nem sequer é necessário o pessimismo para poder desenvolver *a pobreza de mundo do animal como um problema interno à própria animalidade*. Com o ser aberto do animal pelo desinibidor, o animal, em seu atordoamento, é posto essencialmente fora, em um outro que, decerto, não lhe pode ser desvelado nem como ente nem como não-ente, mas que, enquanto desinibidor... introduz na essência do animal uma agitação essencial [*wesenhafte Erschütterung*].[56]

Como na própria Epístola paulina, a *apokaradokía* aproximava, de súbito na perspectiva da redenção messiânica, a criatura do homem. Assim, a agitação essencial que o animal experimenta no seu ser exposto em um não-desvelamento encurta drasticamente a distância que o curso tinha marcado entre o animal e o homem, entre abertura e não-abertura. A pobreza de mundo – na qual o animal sente de alguma forma o próprio não estar aberto – possui portanto a função estratégica de assegurar um vão entre o ambiente animal e o aberto, em uma perspectiva na qual o atordoamento como essência do animal "é, de toda maneira, o pano de fundo apropriado sobre o qual se pode destacar a essência do homem".[57]

Nesse ponto Heidegger pode evocar o tratamento do tédio de que havia se ocupado na primeira parte do curso e colocar inesperadamente em ressonância o atordoamento do animal e a *Stimmung* fundamental que havia chamado de "tédio profundo" (*tiefe Langeweile*):

> Virá à luz que esse estado de ânimo fundamental e tudo o que está envolvido nele deve ser delineado e distinguido nos confrontos daquilo que afirmamos como essência da animalidade em relação ao atordoamento. Esse delineamento será extremamente decisivo para nós, porque a própria essência da animalidade, o atordoamento, vem aparentemente se encontrar numa proximidade extrema ao que discutimos como elemento característico do tédio profundo, e que denominamos ser o encantado-acorrentado [*gebannt sein*] do ser dentro do ente em sua totalidade. Virá naturalmente à luz que essa proximidade extrema das duas constituições essenciais é somente enganosa, e

que entre elas há um abismo que não pode ser superado por mediação alguma. Mas então todo esse confronto entre as duas teses se tornará prontamente claríssimo, assim como a essência do mundo.[58]

O atordoamento se apresenta aqui como uma espécie de *Stimmung* fundamental na qual o animal não se abre, como o *Dasein*, em um mundo, mas, todavia, acha-se tenso extasiadamente fora de si em uma exposição que o agita em todas as fibras do corpo. E a compreensão do mundo humano é possível apenas por meio da experiência de uma "proximidade extrema" – ainda que enganosa – a essa *exposição sem desvelamento*. Talvez o ser e o mundo humano não devam ser pressupostos, para depois alcançar pela via de subtrações – por meio de uma "observação destrutiva" – o animal; talvez seja verdade também e, sobretudo, o contrário, isto é, que a abertura do mundo humano – como abertura ao conflito essencial entre desvelamento e velamento – só possa ser alcançada por meio de uma operação efetuada sobre o não-aberto do mundo animal. E o lugar dessa operação – na qual a abertura humana em um mundo e a abertura animal ao desinibidor parecem, por um instante, tocar-se – é o tédio.

14. Tédio profundo

"O tédio é o desejo de felicidade deixado em estado puro."

Giacomo Leopardi

A apresentação do tédio ocupa do parágrafo 18 ao 39 do curso (quase 180 páginas) e constitui, portanto, a análise mais ampla que Heidegger havia dedicado a uma *Stimmung* (em *Sein und Zeit* a explanação da angústia ocupa apenas oito páginas). Depois de ter levantado o problema de como algo, como um estado de ânimo deve ser, geralmente, entendido – isto é, a maneira fundamental pela qual o ser está sempre já disposto, e, portanto, o modo mais originário em que nos encontramos a nós mesmos e aos outros –, Heidegger articula a sua análise segundo as três formas ou graus em que o tédio vai progressivamente se intensificando até atingir a figura que ele define como "tédio profundo" (*tiefe Langeweile*). Essas três formas convergem em duas características ou "momentos estruturais" (*Strukturmomente*) que definem, segundo Heidegger, a essência do tédio. O primeiro é a *Leergelassenheit*, o ser-deixado-vazio, o abandono no vazio. Heidegger inicia com a descrição daquilo que devia parecer, a seus olhos, uma espécie de *locus classicus* da experiência do tédio.

> Encontramo-nos, por exemplo, em uma insípida estação perdida de uma ferrovia secundária. O primeiro trem chegará daqui a quatro horas. O local não é atraente. É verdade, temos o livro na mochila – então vamos ler? Não. Ou refletir sobre uma questão, sobre um problema? Não dá. Lemos os horários ou estudamos o conjunto das várias distâncias dessa estação a outros lugares que também não conhecemos. Observamos o relógio – passaram apenas quinze minutos. Saímos para a rua, para a estrada principal. Caminhamos para cima e para baixo para fazer alguma coisa. Mas não adianta nada. Contamos as árvores ao longo da estrada principal, observamos novamente o relógio: apenas cinco minutos desde a última vez que o consultamos. Cansados de andar para cima e para baixo, nos sentamos sobre uma pedra, desenhamos todo tipo de figuras na areia e nos surpreendemos novamente a observar o relógio: meia hora se passou...[59]

Os passatempos com os quais tentamos nos ocupar testemunham o ser-deixado-vazio como experiência essencial do tédio. Ao passo que, habitualmente, estamos constantemente ocupados com e nas coisas – ou melhor, especifica Heidegger, com os termos que antecipam aqueles que definem a relação do animal com o seu ambiente: "somos absorvidos [*hingenommen*] pelas coisas, francamente perdidos nelas, frequentemente até atordoados [*benommen*] por elas"[60] –, no tédio nos encontramos, de súbito, abandonados no vazio. Mas, nesse vazio, as coisas não nos são simplesmente "subtraídas e desfeitas";[61] elas estão lá, mas "não têm nada a nos oferecer". deixam-nos completamente indiferentes, de tal modo, porém, que não podemos nos libertar delas, porque *estamos presos e entregues àquilo que nos entedia*: "No ficar entediado por algo, nós também somos mantidos presos [*festgehalten*] por aquilo que é entediante, não o deixamos ir [*wir lassen es selbst noch nicht los*] ou somos por algum motivo a ele constrangidos e vinculados."[62]

É aqui que o tédio mostra ser algo como a *Stimmung* fundamental e propriamente constitutiva do *Dasein*, em relação à qual a angústia em *Sein und Zeit* não parece ser senão uma espécie de resposta ou de retomada reativa. Na indiferença, de fato,

> o ente em sua totalidade não desaparece, aliás, se mostra como tal em sua indiferença. O vazio consiste aqui na indiferença que envolve o ente em sua totalidade... Isso significa que o ser-aí se encontra colocado pelo tédio

diante do ente em sua totalidade, já que, nessa forma de tédio, o ente que nos circunda não oferece mais qualquer possibilidade de fazer ou de deixar fazer. Ele se recusa em sua totalidade [*es versagt sich im Ganzen*] em relação a tal possibilidade. Recusa-se assim a um ser-aí que, no âmbito desse ente em sua totalidade, se reporta a ele – a ele, ao ente como tal, que ora se recusa; a um ser-aí que deve se reportar a ele, deve ser como é. O ser-aí é assim deixado ao ente que se recusa em sua totalidade [*Das Dasein findet sich so ausgeliefert an das sich im Ganzen versagende Seiende*].[63]

Nesse estar "entregue ao ente que se recusa" como primeiro momento essencial do tédio, se revela agora a estrutura constitutiva daquele ente – o *Dasein* – para o qual, em seu ser, o seu próprio ser está em questão. O *Dasein* pode ser unido pelo tédio ao ente que se lhe recusa em sua totalidade, porque ele é constitutivamente "remetido [*überantwortet*] ao seu próprio ser", factualmente "jogado" e "perdido" no mundo do qual se cuida. Mas, por isso mesmo, o tédio faz vir à luz a proximidade inesperada entre o *Dasein* e o animal. O "*Dasein*", *entediando-se, é entregue (*ausgeliefert*) a algo que se lhe recusa, exatamente como o animal, que, em seu atordoamento, é exposto (*hinausgesetzt*) em um não revelado.*

No ser deixado vazio pelo tédio profundo vibra assim uma espécie de eco daquele "abalo essencial" que vem do animal de seu ser exposto e absorvido em um "outro" que, todavia, nunca se lhe revela enquanto tal. Por isso, o homem que se entedia vem a se encontrar numa "proximidade extrema" – ainda que aparentemente – do atordoamento animal. Ambos estão, em seu gesto mais próprio, *abertos a um fechamento*, integralmente entregues a algo que se recusa obstinadamente (e, pois, se é lícito identificar algo como a *Stimmung* característica de todo e qualquer pensador, é exatamente esse ser entregue a alguma coisa que se recusa que define a tonalidade emotiva específica do pensamento de Heidegger).

A análise do segundo "momento estrutural" do tédio profundo permite esclarecer tanto sua proximidade com o atordoamento animal quanto o passo posterior que o tédio cumpre com relação a esse. Esse segundo momento estrutural (intimamente ligado ao primeiro, o ser-deixado--vazio) é o ser-mantido-em-suspenso (*Hingehaltenheit*). A recusa do ente em sua totalidade, que tinha lugar no primeiro momento, torna-se, com efeito, de alguma maneira manifesta, pelo caminho da privação, aquilo que o *Dasein* teria podido fazer ou tentar, isto é: as suas possibilidades. Essas possibilidades estão agora diante dele em sua absoluta indiferença, ao mesmo tempo presentes e perfeitamente inacessíveis:

> O recusar-se fala destas possibilidades do ser-aí. Não fala delas e não abre sobre elas um debate, mas recusando as indica, e em sua recusa as torna notórias... O ente se torna indiferente em sua totalidade. Mas não apenas: junto a isso se mostra também algo mais, ocorre a emergência das possibilidades, que o ser-aí poderia ter, mas que

exatamente por causa desse entediar-se jazem inativas [*brachliegende*] e enquanto inutilizadas nos deixam abandonados. Em todo caso, vemos que na recusa está inscrito um reenvio a algo diferente. Esse reenvio é o anúncio das possibilidades que jazem inativas.[64]

O verbo *brachliegen* – que traduzimos por "jazer inativo" – provém da linguagem da agricultura. *Brache* designa pousio, isto é, o campo que se deixa não trabalhado para que se possa semeá-lo no ano próximo. *Brachliegen* significa deixar de pousio, isto é, inativo, não cultivado. Mas, dessa maneira, revela-se também o significado do ser-mantido-em-suspenso, como um segundo momento estrutural do tédio profundo. Mantido em suspenso, jazendo inativas estão agora as possibilidades específicas do *Dasein*, o seu poder fazer isso ou aquilo. Mas esse desativar das possibilidades concretas torna manifesto, pela primeira vez, aquilo que, em geral, *torna possível* (*das Ermöglichende*), a possibilidade pura – ou, como diz Heidegger, "a possibilitação originária" (*die ursprüngliche Ermöglichung*):

> Está em questão, no ente que se recusa em sua totalidade, o ser-aí enquanto tal, isto é, aquilo que faz parte do seu poder-ser como tal, o que diz respeito à possibilidade de ser-aí como tal. Mas o que concerne uma possibilidade enquanto tal é aquilo *que a torna possível*, aquilo que lhe concede enquanto possível a *possibilidade*. Esse algo de extremo e de primeiro, aquilo que torna possível todas as

possibilidades de ser-aí enquanto possibilidade, essa coisa que contém o poder-ser do ser, as suas possibilidades, está em questão no ente que se recusa na sua possibilidade. Mas isto significa que o ente que se nega na sua totalidade não anuncia quaisquer possibilidades de mim mesmo, não expressa nada delas, mas, enquanto anúncio na recusa, é uma *chamada* [*Ausrufen*], que torna autenticamente possível o ser-aí em mim. Essa chamada das possibilidades como tais, que acompanha ao recusar-se, não é um indicar [*Hinweisen*] indeterminado das possibilidades, quais sejam, mutantes do ser-aí, mas é chamar um puro e simples inequívoco *aquilo, o que torna* possível, que contém e conduz todas as possibilidades essenciais do ser-aí e para as quais, todavia, aparentemente não possuímos nenhum conteúdo, de modo que não podemos dizer o que seja da mesma forma que indicamos coisas subsistentes e as definimos... Esse anunciante indicar na direção do que torna autenticamente possível o ser-aí em suas possibilidades é um *necessário ser constrangido* [*Hinzwingen*] *na ponta singular deste originário tornar possível* [...] Ao ficar plantado pelo ente que se nega em sua totalidade pertence, ao mesmo tempo, o tornar-se-constrangido nesse cume extremo da possibilitação própria do ser-aí enquanto tal.[65]

O ser-mantido-em-suspenso como segunda dimensão essencial do tédio profundo não é senão essa experiência do desvelar-se da possibilitação originária (isto é, da potência pura), na suspensão e na subtração de todas as concretas possibilidades específicas.

O que aparece pela primeira vez como tal na desativação (no *Brachliegen*) da possibilidade é, pois, a *origem mesma da potência* – e, com ela, do *Dasein*, isto é, do ente que existe na forma de poder-ser. Mas essa potência ou possibilitação originária tem constitutivamente – exatamente por isso – a forma de uma potência-de-não, de uma impotência, uma vez que pode somente a partir de um *poder não*, ou seja, de uma desativação das possibilidades concretas, singulares e específicas.

Com isso, a proximidade – e com ela a distância – entre o tédio profundo e o atordoamento animal vem finalmente à luz. No atordoamento, o animal estava em relação imediata com seu desinibidor, exposto e desfalecido neste, de tal modo, porém, que esse desinibidor não podia nunca se revelar como tal. Aquilo de que o animal é incapaz é precisamente de suspender e desativar a sua relação com o círculo dos desinibidores específicos. O ambiente animal é constituído de tal modo que a pura possibilidade nunca poderá manifestar-se. O tédio profundo aparece então como o operador metafísico no qual se dá a passagem da pobreza de mundo ao mundo, do ambiente animal ao mundo humano: está em questão, nele, nada menos que a antropogênese, o tornar-se *Da-sein* do vivente homem. Mas essa passagem, o *tornar-se-Dasein* do vivente homem (ou, como também escreve Heidegger no curso, a assunção pelo homem, do fardo, que é, para ele, o *Dasein*), não abre para um espaço ulterior, mais amplo e luminoso, conquistado para além dos limites do ambiente animal e sem relação com este: pelo contrário, este é aberto apenas por meio de uma suspensão e uma desativação da relação animal com o desinibidor. Nessa suspensão, neste restar-inativo (*brachliegend*, em repouso) do desinibidor, o atordoamento do animal e o seu ser exposto em um não revelado podem ser pela primeira vez apreendidos como tais. O aberto, o liberto-do-ser não nomeiam algo de radicalmente diferente em relação ao nem-aberto-nem-fechado do ambiente animal: são o aparecer de um indesvelado como tal, a suspensão e a captura do não-ver-a-cotovia-o-aberto. A joia escondida no centro do mundo humano e de sua *Lichtung* não é senão o atordoamento animal; a maravilha "de o ente ser" nada mais é que a apreensão da "comoção essencial" que alcança o vivente em seu ser exposto a uma não-revelação. A *Lichtung* é verdadeiramente, neste sentido, um *lucus a non lucendo*: a abertura que está em jogo nela é essencialmente a abertura a um fechamento, e aquele que observa no aberto vê apenas um fechar-se, apenas um não-ver.

Em seu curso sobre Parmênides, Heidegger insiste várias vezes sobre o primado da *léthé* em relação à ilatência. A origem da latência (*Verbogenheit*) em relação à ilatência (*Unverbogenheit*) permanece, aliás, tão sombria que poderia ser definida, de certa forma, como o segredo originário da ilatência: "Em primeiro lugar, na palavra ilatência somos reenviados a algo como latência. O que na ilatência está latente, o que esconde e como a latência ocorre, quando, onde e por que se dá a latência, tudo isso permanece indeterminado."[66] "Onde há latência, deve acontecer ou ter acontecido uma ilatência... Ora, no entanto, o que os gregos experienciam e pensam quando, na ilatência, denominam também, a cada vez, a latência, não é de todo claro."⁶⁷ Na perspectiva que procuramos delinear, o segredo da ilatência deve ser desfeito no sentido de que a *léthē* que predomina no cerne da *alḗtheia* – a não verdade que copertence originariamente à verdade – é o não desvelamento, o não aberto do animal. A luta insolúvel entre ilatência e latência, desvelamento e velamento, que define o mundo humano, é a luta intestina entre o homem e o animal.

Por isso, no centro da conferência *Was ist Metaphysik?*, pronunciada em julho de 1929 – e, portanto, contemporânea à preparação do curso sobre os *Grundbegriffe der Metaphysik* –, está o copertencimento entre ser e nada. "Ser-aí significa: ser mantido em suspenso no nada [*Hineingehaltenheit*, quase a mesma palavra que define a segunda dimensão essencial do tédio]."⁶⁸ "O *Dasein* humano pode comportar-se [*verhalten*, o termo que no curso define a relação humana com o mundo, em oposição ao *sichbenehmen* do animal] em relação ao ente apenas caso se mantenha em suspenso no nada."⁶⁹ A *Stimmung* da angústia aparece na conferência (na qual o tédio não é nomeado) como a assunção daquela abertura originária que se produz somente por meio da "clara noite do nada".⁷⁰ Mas de onde provém essa negatividade que se anula (*nichtet*) no próprio ser? Uma comparação da conferência com o curso contemporâneo sugere algumas respostas possíveis a essa pergunta.

O ser é atravessado desde a origem pelo nada, a *Lichtung* é cooriginariamente *Nichtung*, porque o mundo se abriu para o homem somente por meio da interrupção e da anulação da relação do vivo com o seu desinibidor. É certo, como desconhece o ser, que o vivo não conheça o nada; mas o ser aparece na "clara noite do nada" apenas porque o homem, na experiência do tédio profundo, se arriscou na suspensão de sua relação de vivo com o ambiente. A *léthē* – que, segundo a introdução à conferência, é o que reina no aberto como *das Wesende*, isto é, o que forma a essência e o que dá o ser permanecendo nele impensado – não é senão o não desvelado do ambiente animal, e recordar-se do aberto significa necessariamente recordar-se do não desvelado, recordar-se do atordoamento um instante antes que se abrisse um mundo. Aquilo que forma a essência e, ao mesmo tempo, nulifica no ser provém do fato de o desinibidor do animal não ser "nem ente e nem não ente". O *Dasein* é simplesmente um animal que aprendeu a entediar-se, que desperta *do* seu atordoamento e *para* o seu atordoamento. O despertar do vivente para o seu ser atordoado, esse abrir-se angustiante e decidido, a um não-aberto, é o humano.

Em 1929, enquanto preparava o seu curso, Heidegger não podia conhecer a descrição do mundo do carrapato que falta nos textos aos quais ele se referia e somente em 1934 foi introduzido por Uexküll em seu livro *Streifzüge durch Umwelten von Tieren und Menschen*. Se pudesse tê-lo conhecido, talvez tivesse se indagado sobre os 18 anos em que o carrapato sobrevive no laboratório de

Rostock na absoluta ausência dos seus desinibidores. O animal pode efetivamente – em circunstâncias particulares como aquelas que o homem o submete nos laboratórios – suspender a relação imediata com o seu ambiente, sem por isso deixar de ser um animal nem se tornar humano. Talvez o carrapato no laboratório de Rostock guarde com ele um mistério do "simplesmente vivo" com o qual nem Uexküll nem Heidegger estavam preparados para se medir.

15. Mundo e terra

A relação entre o homem e o animal, entre mundo e ambiente, parece evocar aquela íntima disputa (*Streit*) entre mundo e terra que está em jogo, segundo Heidegger, na obra de arte. Um mesmo paradigma, que conserva juntos uma abertura e um fechamento, parece presente em ambos. Também na obra de arte – no contraste de mundo e terra – está em questão uma dialética entre latência e ilatência, abertura e fechamento, que Heidegger, no ensaio "Der Ursprung des Kunstwerkes", evoca quase nos mesmos termos do curso de 1929-1930: "A pedra é sem mundo. Plantas e animais, da mesma forma, não possuem mundo; esses pertencem ao trânsito velado de um ambiente no qual estão suspensos. A camponesa, ao contrário, possui um mundo, porque habita no aberto do ente."[71] Se o mundo representa, na obra, o aberto, a terra nomeia "aquilo que se fecha essencialmente em si mesmo".[72] "A terra somente aparece onde é conservada e salvaguardada como o essencialmente Indescobrível, que se retira diante de toda e qualquer abertura e se mantém constantemente fechada."[73] Na obra de arte, esse Indescobrível vem à luz enquanto tal. "A obra carrega e mantém a própria terra no aberto de um mundo."[74] "Produzir a terra significa: portá-la no aberto enquanto o que em-si-se-fecha."[75]

Mundo e terra, abertura e fechamento – embora opostos em um conflito essencial – nunca são, no entanto, separáveis: "A terra é o emergir para o nada daquilo que constantemente se fecha e assim se salva. Mundo e terra são essencialmente diferentes um do outro e todavia nunca divididos. O mundo se funda sobre a terra e a terra surge através do mundo."[76]

Não surpreende o fato de que essa indissociável oposição de mundo e terra tenha sido descrita por Heidegger em termos que parecem possuir uma coloração decididamente política:

> A oposição recíproca de mundo e terra é um conflito [*Streit*]. Confundimo-nos facilmente sobre a essência do conflito, se o confundimos com a discórdia e com o litígio, e o entendemos, portanto, apenas como pertur-

bação ou destruição. No conflito essencial, as partes em conflito elevam-se, uma e outra, na autoafirmação [*Selbstbehauptung*] de sua essência. A autoafirmação da essência nunca é, no entanto, enrijecer-se em um estado contingente, mas a renúncia a si na originalidade escondida da proveniência do ser próprio... Quanto mais duramente o conflito se irrompe e se afirma, mais intransigente as partes conflagradas se abandonam na intimidade do simples pertencer-se. A terra não pode renunciar ao aberto do mundo se deve aparecer como terra no livre afluxo do seu fechar-se sobre si mesma. O mundo, por outro lado, não pode destacar-se da terra, se, enquanto amplitude dominante e via de todo destino histórico essencial, deve fundar-se sobre algo de decidido.[77]

Que na dialética entre latência e ilatência, que define a verdade, esteja em jogo para Heidegger, um paradigma político (aliás, o paradigma político por excelência) está fora de questão. No curso sobre Parmênides, a *pólis* é definida precisamente pelo conflito *Verborgenheit-Unverborgenheit*.

A *pólis* é o lugar recolhido em si mesmo da ilatência do ente. No entanto, agora, se, como indica a palavra, a *alḗtheia* possui um ser conflituoso, e se tal conflituosidade se mostra na relação de oposição à contrafação e ao esquecimento, então, na *pólis*, entendida como lugar essencial do homem, deve dominar cada oposição extrema – e, com isso, toda in-essência – à ilatência e ao ente, isto é, o não-ente na multiformidade da sua contraessência.[78]

O paradigma ontológico da verdade como conflito entre latência e ilatência é imediata e originariamente, em Heidegger, um paradigma político. É porque o homem advém essencialmente na abertura de um fechamento, que algo como uma *pólis* e uma política são possíveis.

Se agora, seguindo a interpretação do curso de 1929-1930 que até aqui sugerimos, restituímos ao fechado, à terra e à *léthē* o seu nome próprio de "animal" e de "simplesmente vivo", então o conflito político originário entre latência e ilatência será, junto e na mesma medida, aquele entre humanidade e animalidade do homem. O animal é o Indescobrível que o homem conserva e porta como tal até a luz. Mas aqui tudo se complica. Porque se é próprio da *humanitas* permanecer aberta ao fechamento do animal, se o que o mundo traz ao aberto é justamente e apenas a terra enquanto o que em si se fecha, então, de que modo devemos entender a reprovação que Heidegger faz à metafísica e às ciências dela dependentes, de pensar o homem "a partir da sua *animalitas* e não em direção à sua *humanitas*"?[79] Se a humanidade não foi obtida senão através de uma suspensão da animalidade e deve, portanto, manter-se aberta ao fechamento desta, em que sentido a tentativa heideggeriana de apreender "a essência existente do homem" escapa ao primado metafísico da *animalitas*?

16. Animalização

"Os homens são animais, alguns dos quais criam os próprios semelhantes."

Peter Sloterdijk

Heidegger foi, talvez, o último filósofo a crer de boa-fé que o lugar da pólis – o *pólos* onde reina o conflito entre latência e ilatência, entre a *animalitas* e a *humanitas* do homem – fosse ainda praticável, que – situando-se naquele lugar arriscado – fosse ainda possível para os homens – para um povo – encontrar seu próprio destino histórico. Ele foi, assim, o último a crer – pelo menos até certo ponto e não sem dúvidas e contradições – que a máquina antropológica, decidindo e recompondo, a cada vez, o conflito entre o homem e o animal, entre o aberto e o não-aberto, pudesse ainda produzir para um povo história e destino. É provável que, em certo ponto, ele tenha se dado conta de seu erro, que tenha compreendido que de parte alguma uma decisão que respondesse a um percurso histórico do ser não fosse possível de parte alguma. Já em 1934-35, no curso sobre Hölderlin no qual tenta revelar a "tonalidade emotiva fundamental da historicidade do *Dasein*", ele escreve que "a possibilidade de uma grande comoção [*Erschütterung*, o mesmo termo que define o ser exposto do animal em um indesvelado] da existência histórica de um povo desvaneceu. Templos, imagens e costumes não são mais capazes de assumir a vocação histórica de um povo para impulsioná-lo em uma nova missão".[80] A pós-história começava então a bater à porta da metafísica consumada.

Hoje, a quase 70 anos de distância, está claro para quem não esteja com absoluta má-fé que não há mais, para o homem, tarefas históricas passíveis de serem assumidas ou mesmo apenas designáveis. Que os Estados-Nação europeus já não fossem mais capazes de assumir tarefas históricas e que os próprios povos fossem destinados a desaparecer era, de alguma forma, evidente já a partir do final da Primeira Guerra Mundial. Equivocamo-nos completamente sobre a natureza dos grandes experimentos totalitários do século XIX, caso neles vejamos apenas uma prossecução das últimas grandes tarefas dos Estados-Nação oitocentistas: o nacionalismo e o imperialismo. O que está em jogo é agora muito diferente e mais extremo, pois se trata de assumir como tarefa a própria existência factual dos povos, isto é, em última análise, sua vida nua. Sob esse aspecto, os totalitarismos do século XX constituíram verdadeiramente a outra face da ideia hegelo-kojeviana do fim da história: o homem então atingiu o seu *télos* histórico e não resta outra coisa – para uma humanidade que voltou a ser animal – que a despolitização das sociedades humanas, por meio da extensão incondicionada da *oikonomía*, ou a assunção da própria vida biológica como tarefa política (ou melhor, impolítica) suprema.

É provável que o tempo em que vivemos não tenha saído desta aporia. Será que não percebemos em torno de nós e entre nós, homens e povos sem essência e já sem identidade – entregues, por assim dizer, à sua inessencialidade e inoperância – a procurar por todos os lados, tateando e ao custo de grosseiras falsificações, uma herança e uma tarefa, *uma herança como tarefa*? Até a pura e simples deposição de todas as tarefas históricas (reduzidas a simples funções de polícia interna ou internacional), em nome do triunfo da economia, assume hoje frequentemente uma ênfase na qual a própria vida natural e seu bem-estar parecem apresentar-se como a última tarefa histórica da humanidade – admitindo que faça sentido aqui falar de uma "tarefa".

As potências históricas tradicionais – poesia, religião, filosofia –, que tanto na perspectiva hegelo-kojeviana quanto na de Heidegger mantinham aceso o destino histórico-político dos povos, foram transformadas há tempos em espetáculos culturais e em experiências privadas e perderam toda a eficácia histórica. Diante deste eclipse, a única tarefa que parece conservar ainda alguma seriedade é a ocupação com a "gestão integral" da vida biológica, isto é, da própria animalidade do homem. Genoma, economia global, ideologia humanitária são as três faces solidárias deste processo em que a humanidade pós-histórica parece assumir a sua própria fisiologia como último impolítico mandato.

Se a humanidade que tomou para si o mandato de gestão integral da própria animalidade é ainda humana, no sentido daquela máquina antropológica que, de-cidindo a cada vez acerca do homem e do animal, produzia a *humanitas*, nem é claro se o bem-estar de uma vida que não se sabe mais reconhecer como humana ou animal pode ser sentido como gratificante. Decerto, na perspectiva de Heidegger, uma tal humanidade não possui mais forma do manter-se aberto ao indesvelado do animal, mas procura acima de tudo abrir e assegurar, em qualquer âmbito, o não-aberto e, com isso, se fecha à sua própria abertura, esquece sua *humanitas* e faz do ser o seu desinibidor específico. A humanização integral do animal coincide com uma animalização integral do homem.

17. Antropogênese

Experimentemos enunciar em forma de teses os resultados provisórios da nossa leitura da máquina antropológica da filosofia ocidental:

1) A antropogênese é o que resulta da cisão e da articulação entre o humano e o animal. Esta cisão se passa sobretudo no interior do homem.
2) A ontologia, ou filosofia primeira, não é uma disciplina acadêmica inócua, mas a operação, de toda maneira fundamental, na qual se dá a antropogênese, o tornar-se humano do vivente. A metafísica está atrelada desde o começo a esta estratégia: esta concerne precisamente à *metá*, que realiza e preserva a superação da *phýsis* animal na direção da história humana. Essa superação não é um evento que

se tenha realizado de uma vez por todas, mas um acontecimento sempre em curso, que decide a cada vez e em cada indivíduo, do humano e do animal, da natureza e da história, da vida e da morte.

3) O ser, o mundo, o aberto não são, no entanto, algo diferente ao ambiente e à vida animal: eles não são outro senão a interrupção e a captura da relação do vivente com o seu desinibidor. O aberto não é senão uma tomada do não-aberto animal. O homem suspende a sua animalidade e, deste modo, abre uma zona "livre e vazia" na qual a vida é capturada e a-bandonada em uma zona de exceção.

4) Justamente porque o mundo se abriu para o homem apenas através da suspensão e da captura da vida animal, o ser é desde sempre atravessado pelo nada, a *Lichtung* é sempre já *Nichtung*.

5) O conflito político decisivo, que governa todo e qualquer outro conflito, é, em nossa cultura, aquele entre a animalidade e a humanidade do homem. A política ocidental é, assim, cooriginariamente biopolítica.

6) Se a máquina antropológica era o motor do devir histórico do homem, então, o fim da filosofia e a realização das destinações epocais significam para o ser que a máquina atual gira em falso.

Dois cenários a este ponto são possíveis na perspectiva de Heidegger: *a)* o homem pós-histórico não preserva mais a própria animalidade indescobrível, mas busca governá-la e guardá-la consigo através da técnica; *b*) o homem, o pastor do ser, se apropria de sua própria latência, de sua própria animalidade, que não permanece escondida nem é feita objeto de domínio, mas pensada enquanto tal, como puro abandono.

18. Entre

"Todos os enigmas do mundo parecem leves em comparação com o minúsculo segredo do sexo."

Michel Foucault

Da relação entre homem e natureza, e entre natureza e história, alguns textos de Benjamin propõem uma imagem totalmente diversa, na qual a máquina antropológica parece estar completamente fora de jogo. O primeiro é a carta a Rang, de 9 de dezembro de 1923, sobre a "noite salva". Nela, a natureza, enquanto mundo do fechamento (*Verschlossenheit*) e da noite, é oposta à história como esfera do desvelamento (*Offenbarung*). Mas à esfera fechada da natureza, Benjamin também atribui – surpreendentemente – as ideias e as obras de arte. Estas últimas são assim definidas como modelos de uma natureza que não espera dia algum, e, portanto, ainda menos o dia do juízo, como modelos de uma natureza que não é palco da história nem da habitação do homem: a noite salva [*die gerettete Nacht*].[81]

O elo que o texto paulino sobre a *apokaradokía tēs ktíseōs* instituía entre natureza e redenção, entre criatura e humanidade redimida, é aqui rompido. As ideias que, como estrelas, "brilham apenas na noite da natureza" recolhem a vida criatural não para revelá-la, nem para abri-la à linguagem humana, mas para restituí-la ao seu fechamento e ao seu mutismo. A separação entre natureza e redenção é um antigo motivo gnóstico – e isto induziu Jakob Taubes a aproximar Benjamin do gnóstico Marcião. Mas, em Benjamin, a separação segue uma estratégia particular, que se encontra nas antípodas da marcionita. Aquilo que, em Marcião, como na maioria dos gnósticos, provinha de uma desvalorização e de uma condenação da natureza enquanto obra do Demiurgo mau, leva, aqui, a uma transvaloração que a coloca como arquétipo da *beatitudo*. A "noite salva" é o nome dessa natureza restituída a si mesma, cuja cifra, segundo um outro fragmento benjaminiano, é a caducidade e cujo ritmo é a beatitude. A salvação, que aqui está em questão, não se refere a algo que tenha sido perdido e deva ser recuperado, que tenha sido esquecido e que deva ser recordado: ela concerne, acima de tudo, a uma perda e a um esquecimento enquanto tais – isto é, a um insalvável. A noite salva é relação com um insalvável.

Por isso o homem – enquanto também é, "em certo grau", natureza – se apresenta como um campo atravessado por duas tensões distintas, por duas redenções diversas:

> À *restitutio in integrum* espiritual, que conduz à imortalidade, corresponde uma outra, profana, que leva à eternidade de uma dissolução; e o ritmo desta mundanidade eternamente transitória, transitória em sua totalidade não apenas espacial, mas também temporal, o ritmo da natureza messiânica é a felicidade.[82]

Nesta gnose singular, o homem é o crivo em que vida criatural e espírito, criação e redenção, natureza e história se discernem e se separam continuamente e, contudo, conspiram secretamente pela própria salvação.

No texto que conclui *Einbahnstrasse* e que carrega o título *Zum Planetarium*, Benjamin procura delinear a relação do homem moderno com a natureza em comparação com a do homem antigo com o cosmos, que tinha seu lugar na ebriedade. O espaço próprio dessa relação é, para o homem moderno, a técnica. Mas certamente não uma técnica concebida, segundo a ideia comum, como domínio do homem sobre a natureza:

> Domínio da natureza, ensinam os imperialistas, é o sentido de toda técnica. Mas quem confiaria em um preceptor que, de posse de uma palmatória, declarasse o sentido da educação na dominação das crianças por parte dos adultos? Não seria a educação, em primeiro

> lugar, a ordem necessária da relação entre as gerações e, portanto, se é de dominação que se pretende falar, deveria se tratar da dominação não das crianças, mas dessa relação? Assim também com a técnica: não o domínio da natureza, mas o domínio da relação entre natureza e humanidade. Na verdade, os homens, enquanto espécie, encontram-se há milênios no fim de sua evolução; mas a humanidade enquanto espécie está apenas no início.[83]

O que significa "domínio da relação entre natureza e humanidade"? Que nem o homem deve dominar a natureza nem a natureza, o homem. E tampouco que ambos devam ser superados em um terceiro termo que representaria deles uma síntese dialética. Acima de tudo, segundo o modelo benjaminiano de uma "dialética em estado de detenção", decisivo aqui é sobretudo o "entre", o intervalo e quase o jogo entre os dois termos, a sua constelação imediata em uma não coincidência. A máquina antropológica não articula mais natureza e homem para produzir o humano através da suspensão e captura do inumano. A máquina, por assim dizer, está presa, está "em estado de detenção" e, na suspensão recíproca dos dois termos, algo para o qual talvez não tenhamos nomes e que não é mais animal nem homem instala-se entre natureza e humanidade, mantém-se na relação dominada, na noite salva.

Poucas páginas antes, no mesmo livro, em um de seus aforismos mais densos, Benjamin evoca a imagem incerta da vida que se emancipou da sua relação com a natureza somente à custa de perder o próprio mistério. A cortar

– não a desfazer – o vínculo secreto que liga o homem à vida está, no entanto, um elemento que parece pertencer à natureza, e que, em vez disso, a excede por todos os lados: a satisfação sexual. Na imagem paradoxal de uma vida que, na extrema peripécia da voluptuosidade, se liberta do mistério para reconhecer, por assim dizer, uma não-natureza, Benjamin fixou alguma coisa semelhante ao hieróglifo de uma nova in-humanidade:

> A satisfação sexual alivia o homem do seu mistério, que não está na sexualidade, mas, na satisfação desta, e que talvez apenas nela, seja não desfeita: cortada. É comparável ao vínculo que une o homem à vida. A mulher corta-o, o homem se torna livre para a morte, porque sua vida perdeu o mistério. Com isso ele alcança o renascimento; e como a amada o libera do feitiço da mãe, assim, mais literalmente, a mulher o separa da mãe terra, é a parteira a quem cabe cortar o cordão umbilical que o mistério da natureza entrelaçou.[84]

19. Désœuvrement*

No Kunsthistorisches Museum de Viena conserva-se uma obra tardia de Ticiano – melhor definida por alguém como sua "última poesia" e quase um adeus à pintura – conhecida como *Ninfa e pastor*. As duas figuras são representadas em primeiro plano, imersas em uma sombria paisagem campestre: o pastor, sentado de frente, tem entre as mãos uma flauta, como se a tivesse retirado dos lábios recentemente. A ninfa, desnuda, representada de costas, está deitada sobre uma pele de pantera, símbolo

---

* *Désœuvrement* pode ser traduzido por "inércia", "ociosidade", "preguiça", "inação". Há tradutores de Maurice Blanchot que optam por usar o termo "desobramento", mais literal. Aqui preferimos usar "inoperância", como proposto por Roberto Machado em *Foucault, a filosofia e a literatura* (Zahar, 2007), mais próxima de *inoperosità*, conceito trabalhado por Agamben. [N. da E.]

tradicional de desregramento e de luxúria, exibindo coxas luminosas e largas. Com um gesto estudado, ela volta seu rosto absorto para os espectadores e com a mão esquerda alisa o outro braço como em uma carícia. Um pouco além, uma árvore fulminada, metade seca e metade verde, como a da alegoria de Lotto, sobre a qual se inclina dramaticamente um animal – uma "cabra audaz" segundo alguns, mas talvez um cervo jovem –, quase a pastar as folhas. Ainda mais ao alto, como muitas vezes no Ticiano tardio impressionista, o olhar se perde em um grumo luminoso de tinta.

Diante dessa enigmática *paysage moralisé* [paisagem moralizada] imersa em uma atmosfera ao mesmo tempo de extrema sensualidade e de contida melancolia, os estudiosos permanecem perplexos, e nenhuma explicação parece suficiente. Decerto, a cena "é muito carregada de emoção para ser uma alegoria" e, todavia, "esta emoção é muito contida para estar de acordo com qualquer das hipóteses levantadas".[85] Que ninfa e pastor estejam eroticamente ligados parece óbvio; mas a sua relação, ao mesmo tempo promíscua e distante, é de tal maneira singular, que devem se tratar de "amantes desanimados, fisicamente muito próximos um do outro, e ainda assim tão afastados em seus sentimentos".[86] E tudo no quadro – o tom quase monocromático das cores, a expressão oblíqua e morosa da mulher, como também sua pose – "sugere que esse casal comeu da árvore do conhecimento e está perdendo o seu Éden".[87]

A relação desse quadro com um outro de Ticiano, *As três idades do homem*, da National Gallery of Scotland de Edimburgo, foi oportunamente observada por Judith Dundas. Segundo a estudiosa, o quadro de Viena – pintado muitos anos depois – recupera alguns dos elementos da obra precedente (o casal de amantes, a flauta, a árvore seca, a presença de um animal, provavelmente o mesmo), mas os apresenta de uma forma mais sombria e desesperada, que já nada mais tem em comum com a serenidade cristalina de *As três idades*. Contudo, a relação entre as duas telas é bem mais complexa e permite pensar que Ticiano retomou a obra juvenil desmentindo-a ponto por ponto no sentido de um aprofundamento do tema erótico comum (como atesta a presença de Erota e da árvore seca, também no quadro de Edimburgo o tema iconográfico das "três idades do homem" é desenvolvido na forma de uma meditação sobre o amor). Antes de mais nada, as figuras dos dois amantes estão invertidas: na primeira, de fato, o homem está nu e a mulher, vestida. Esta, que não é representada de costas, mas de perfil, segura a flauta que no quadro de Viena passará para as mãos do pastor. Também em *As três idades* encontramos, à direita, a árvore quebrada e seca, símbolo do conhecimento e do pecado, sobre a qual se apoia um Eros: mas Ticiano, retomando o motivo na obra tardia, a faz florir de um lado, reunindo assim em um só tronco as duas árvores edênicas, a da vida e a do conhecimento do bem e do mal. E enquanto em *As três idades* o cervo estava tranquilamente deitado sobre a grama, agora ele, tomando o posto de Eros, se levanta contra a árvore da vida.

O enigma da relação sexual entre o homem e a mulher, que já estava no centro do primeiro quadro, recebe uma nova e mais madura formulação. Volúpia e amor – testemunhado pela árvore novamente florida pela metade – não prefiguram apenas a morte e o pecado. Decerto, em sua satisfação os amantes conhecem algo um do outro que não deveriam saber – perdem seu mistério – sem se tornar, por isso, menos impenetráveis. Mas nesse desencantamento mútuo do segredo, eles alcançam, exatamente como no aforismo de Benjamin, uma vida nova e mais bem-aventurada, nem animal, nem humana. Não é a natureza que é alcançada pela satisfação, mas, conforme é simbolizado pelo animal no canto da tela que se empina junto à árvore da vida e do conhecimento, por um estágio superior, para além da natureza e do conhecimento, do velamento e do desvelamento. Estes amantes, que se iniciaram em sua própria ausência de mistério como em seu segredo mais íntimo, perdoam-se mutuamente e expõem sua *vanitas*. Nus ou vestidos, não são mais nem velados, nem desvelados – mas sobretudo inaparentes. Como é evidente, tanto pela postura dos dois amantes quanto pela flauta afastada dos lábios, a sua condição é *otium*, é sem obra. Se é verdade, como escreve Dundas, que Ticiano criou nesses quadros "um reino no qual refletir sobre a relação entre corpo e espírito",[88] esta relação é, no quadro de

Viena, por assim dizer, neutralizada. Na satisfação, os amantes, que perderam o seu mistério, contemplam uma natureza humana tornada perfeitamente inoperante – a inoperância e o *désœuvrement* do humano e do animal como figuras supremas e insalváveis da vida.

20. Fora do ser

> "Esoterismo significa então: articulação de modalidades de não-conhecimento."
>
> Furio Jesi

No Egito, por volta da metade do século II d.C., o gnóstico Basílides, de cujo círculo provêm as efígies com faces de animais reproduzidas por Bataille em *Documents*, compõe a sua exegese dos Evangelhos em vinte livros. No drama soteriológico que ele desenha, o deus não existente lançou na origem uma tríplice semente ou filialidade no cosmo, a última das quais se emaranhou "como um aborto" no "grande aglomerado" da matéria corpórea e deverá, afinal, retornar à inexistência divina da qual provém. Até aqui nada distingue a cosmologia de Basílides do grande drama gnóstico da mistura cósmica e da separação. Mas o que constituiu a sua incomparável originalidade foi ser o primeiro a se colocar o problema do estado da matéria e da vida natural uma vez que todos os elementos divinos ou espirituais a abandonaram para retornar a seu lugar de origem. E o faz através de uma genial exegese da passagem da Epístola aos Romanos em que Paulo falava da natureza que geme e sofre as dores do parto à espera da redenção:

> Quando toda a filialidade for reunida no alto e se encontrará acima do limite do espírito, então toda a criação receberá compaixão. Com efeito, até agora, ela geme e se angustia na espera pela revelação dos filhos de Deus a fim de que todos os homens da filialidade subam daqui para as alturas. Quando isso acontecer, Deus estenderá sobre todo o mundo a grande ignorância [*megále ágnoia*], a fim de que toda criatura permaneça na sua condição natural [*katá phýsin*] e ninguém deseje algo contra a sua natureza. Assim todas as almas que se encontram nessa extensão, quantas são destinadas por natureza a permanecer imortais apenas neste espaço, permanecerão aqui sem conhecer nada de superior e melhor que esta extensão; e não haverá notícia nem conhecimento da realidade sobremundana nas regiões inferiores, a fim de evitar que as almas inferiores, desejando coisas impossíveis, sejam atormentadas, como um peixe que deseje pastar com as ovelhas no monte: com efeito, tal desejo representaria a sua ruína.[89]

Na ideia desta vida natural insalvável e completamente abandonada por todo elemento espiritual – e, todavia, perfeitamente bem-aventurada por efeito da "grande ignorância" –, Basílides concebeu uma espécie de grandiosa imagem contrafatual da reencontrada animalidade do homem no fim da história que tanto irritava Bataille. Aqui, trevas e luz, matéria e espírito, vida animal e logos – cuja articulação na máquina antropológica produzia o humano – separam-se para sempre. Mas não para se fecharem em um mistério ainda mais impenetrável – mas, sobretudo, para liberar a sua natureza mais verdadeira. A propósito de Jarry, um crítico escreveu que uma das chaves alquímicas da sua obra parecia ser "a crença, herdada da ciência medieval, segundo a qual o homem que conseguisse separar as diversas naturezas estritamente entrelaçadas durante a sua existência chegaria a liberar em si próprio o sentido profundo da vida".[90] A figura – nova ou antiquíssima – da vida que resplandece na "noite salva" desta eterna e insalvável sobrevivência da natureza (e, em particular, da natureza humana) ao abandono definitivo do logos e da sua própria história não é fácil de pensar. Não é mais humana, porque esqueceu totalmente qualquer elemento racional, qualquer projeto de dominar sua vida animal; mas tampouco pode ser considerada animal, se a animalidade for definida justamente por sua pobreza de mundo e sua obscura espera de uma revelação e de uma salvação. Ela certamente "não vê o aberto", no sentido que não se apropria como instrumento de domínio e de conhecimento; mas tampouco permanece encerrada em seu próprio atordoamento. A *ágnoia*, o não-conhecimento que baixou sobre ela, não implica a perda de toda relação com o seu velamento. Antes, essa vida permanece serenamente em relação com a sua natureza (*ménei... katá phýsin*) como uma zona de não-conhecimento.

Os etimologistas sempre ficaram perplexos diante do verbo latino *ignoscere*, que parece explicável como *ingnosco*, e todavia não significa "ignorar", mas "perdoar". Articular uma zona de in-conhecimento – ou, melhor, de *ignoscenza* – significa, neste sentido, não deixar ser, simplesmente, mas deixar fora do ser, tornar impassível de salvação. Como os amantes de Ticiano se perdoam reciprocamente a ausência de mistério, assim, na noite salva, a vida – nem aberta nem indesvelável – mantém-se serenamente em relação com a sua latência, deixando-a permanecer fora do ser.

Na interpretação heideggeriana, o animal não pode referir-se ao seu desinibidor nem como um ente nem como um não-ente, porque somente com o homem o desinibidor é deixado pela primeira vez ser como tal, somente com o homem algo como o ser pode ocorrer, e um ente se torna acessível e manifesto. Por isso a categoria suprema da ontologia de Heidegger se anuncia: deixar ser. No projeto, o homem se torna livre para o possível e, entregando-se a este, deixa ser o mundo e os entes enquanto tais. Se, todavia, a nossa leitura é correta, se o homem pode abrir um mundo e liberar um possível, só porque, ao experimentar o tédio, consegue suspender e desativar a relação animal com o desinibidor, se, no centro do aberto, está o indesvelamento do animal, neste ponto devemos então indagar: o que é feito desta relação, de que maneira o homem pode deixar ser o animal sobre cuja suspensão o mundo mantém-se aberto?

Enquanto o animal não conhece nem ente, nem não--ente, nem aberto, nem fechado, ele está fora do ser, fora em uma exterioridade mais externa que cada aberto, e dentro em uma intimidade mais interna que cada encerramento. Deixar ser o animal significará então: deixá-lo ser *fora do ser*. A zona de não-conhecimento – ou de *ignoscenza* – que está em questão aqui está para além tanto do conhecer quanto do não-conhecer, tanto do desvelar quanto do velar, tanto do ser quanto do nada. Mas aquilo que é deixado, assim, ser fora do ser não é, por isto, negado ou removido, não é, por isto, inexistente. É um existente, um real, que está além da diferença entre ser e ente.

Não se trata aqui, todavia, de tentar traçar os contornos não mais humanos e não mais animais de uma nova criação que correria o risco de ser tão mitológica como a outra. Em nossa cultura, o homem – nós o vimos – tem sido sempre o resultado de uma divisão, e ao mesmo tempo de uma articulação do animal com o humano, na qual um dos dois termos da operação era também o que estava em questão. Tornar inoperante a máquina que governa a nossa concepção do homem não significará, portanto, buscar novas – mais eficazes ou mais autênticas – articulações, quanto exibir o vazio central, o hiato que separa – no homem – o homem e o animal, e arriscar-se nesse vazio: suspensão da suspensão, *shabat* tanto do animal quanto do homem.

E se um dia, segundo uma imagem já clássica, o "rosto de areia" que as ciências do homem construíram na linha de rebentação de nossa história fosse definitivamente destruído, não seria um *mandýlion* ou a *"veronica"* de uma humanidade ou de uma animalidade recuperada a aparecer em seu lugar. Os justos com cabeça de animal na iluminura da Ambrosiana não representam tanto uma nova declinação da relação homem-animal quanto uma figura da "grande ignorância" que deixa ser um e outro fora do ser, salvos no seu ser propriamente insalvável. Há talvez ainda um modo pelo qual os viventes possam sentar-se no banquete messiânico dos justos sem assumir uma função histórica e sem fazer funcionar a máquina antropológica. Ainda outra vez, a resolução do *mysterium coniunctionis*, pelo qual se produziu o humano, passa por um inaudito aprofundamento do mistério prático-político da separação.

Notas

1. Henri-Charles Puech, *Sur le manicheisme et autres essais*, p. 105.
2. Georges Bataille, "La conjuration sacrée", in *Œuvres complètes*, p. 6.
3. Alexandre Kojève, *Introduction à la lecture de Hegel*, p. 434-435.
4. Denis Hollier, *Le Collège de Sociologie*, p. 111.
5. *Ibidem*, p. 58 e 59.
6. Alexandre Kojève, *op. cit.*, p. 436.
7. *Ibidem*, p. 436-437.
8. *Ibidem*, p. 437.
9. *Ibidem*, p. 437.
10. *Ibidem*, p. 554.
11. Aristóteles, *De l'âme*, 413a, 20-413b, 8.
12. Xavier Bichat, *Recherches physiologiques sur la vie et la mort*, p. 61.
13. Escoto Erígena, *De divisione natural libri quinque*, p. 822.
14. Tomás de Aquino, *Somme Théologique. La Résurrection*, p. 151-152.

15. *Ibidem.*
16. Tomás de Aquino, *Somme Théologique — Les Origines de l'homme*, p. 193.
17. Carolu Linnaeus, *Menniskans Cousiner*, p. 4.
18. *Ibidem.*
19. Edward Tyson, *Orang-Outang, sive Homo Sylvestris, or, the Anatomy of a Pygmie.*
20. Carolu Linnaeus, *Systema naturae*, p. 6.
21. Johann Georg Gmelin, *Reliquiae quae supsersunt commercii epistolici cum Carolo Linnaeo...*, p. 55.
22. Giovanni Pico della Mirandola, *"Oratio/Discorso"*, p. 102.
23. *Ibidem.*
24. *Ibidem*, p. 102-104.
25. *Ibidem*, p. 104.
26. *Ibidem.*
27. Madame Hecquet, *Histoire d'une jeune fille sauvage, trouvée dans les bois à l'âge de dix ans*, p. 6.
28. Denis Diderot, *Le rêve de d'Alembert*, p. 130.
29. Ernst Haeckel, *Die Welträtsel*, p. 37.
30. *Ibidem.*
31. *Ibidem*, p. 39.
32. Heymann Steinthal, *Abriss der Sprachwissenschaft*, p. 355, 356.
33. Heymann Steinthal, *Der Ursprung der Sprache in Zusammenang mit den letzten Fragen alles Wissens*, p. 303.
34. Jacob Uexküll e Georg Kriszat, *Streifzüge durch Umwelten von Tieren und Menschen*, p. 85, 86.

35. *Ibidem*, p. 86, 87.
36. *Ibidem*, p. 98.
37. Martin Heidegger, *Sein und Zeit*, p. 87.
38. *Idem*, *Die Grundbegriffe der Metaphysik*, p. 383.
39. *Ibidem*, p. 369.
40. *Ibidem*, p. 347, 348.
41. *Ibidem*, p. 352, 353.
42. *Ibidem*, p. 360.
43. *Ibidem*, p. 360.
44. *Ibidem*, p. 361.
45. *Ibidem*.
46. *Ibidem*, p. 368.
47. *Ibidem*, p. 391, 392.
48. Martin Heidegger, *Parmenides*, p. 224.
49. *Ibidem*, p. 231.
50. *Ibidem*, p. 226.
51. *Ibidem*, p. 237.
52. *Ibidem*, p. 237, 238.
53. *Ibidem*, p. 239.
54. *Ibidem*.
55. Martin Heidegger, *Die Grundbegriffe der Metaphysik*, p. 371-372.
56. *Ibidem*, p. 395-396.
57. *Ibidem*, p. 408.
58. *Ibidem*, p. 409.
59. Martin Heidegger, *Die Grundbegriffe der metaphysik*, p. 140.
60. *Ibidem*, p. 153.

61. *Ibidem*, p. 154.
62. *Ibidem*, p. 138.
63. *Ibidem*, p. 208-210.
64. *Ibidem*, p. 212.
65. *Ibidem*, p. 215, 216.
66. Martin Heidegger, *Parmenides*, p. 19.
67. *Ibidem*, p. 22.
68. *Idem, Wegmarken*, p. 12.
69. *Ibidem*, p. 18.
70. *Ibidem*, p. 11.
71. Martin Heidegger, *Holzwege*, p. 30.
72. *Ibidem*, p. 32.
73. *Ibidem*.
74. *Ibidem*, p. 31.
75. *Ibidem*, p. 32.
76. *Ibidem*, p. 33, 34.
77. *Ibidem*, p. 34.
78. Martin Heidegger, *Parmenides*, p. 133.
79. *Idem, Wegmarken*, p. 277.
80. Martin Heidegger, *Hölderlins Hymnen "Germanien" und "Der Rhein"*, p. 99.
81. Walter Benjamin, *Gesammelte Briefe*, p. 393.
82. Walter Benjamin, *"Theologisch-politisches Fragment"*, p. 172.
83. Walter Benjamin, *Einbahnstrasse*, p. 68.
84. Walter Benjamin, *op. cit.*, p. 62.
85. Erwin Panofsky, *Problems in Titian, Mostly Iconographic*, p. 172.

86. *Ibidem.*
87. Judith Dundas, "A Titian Enigma", p. 54.
88. *Ibidem*, p. 55.
89. Manlio Simonetti, *Testi gnostici in lingua greca e latina*, p. 72.
90. René Massat, *Œuvres complètes*, p. 12.

Bibliografia

A bibliografia compreende apenas os livros citados no texto. As traduções para o português de obras estrangeiras são citadas, quando possível.

AMEISENOWA, Sofia. "Animal-headed Gods, Evangelists, saints and Righteous Men". *Journal of the Warburg and Courtauld Institutes*, 1949. p. 12.

ARISTÓTELES. *De l'âme*. Antonio Jannone e Edmond Barbotin (orgs.). Paris: Les Belles Lettres, 1980. [*De anima*. Tradução de Maria Cecília Gomes dos Reis. São Paulo: Editora 34, 2006.]

BATAILLE, Georges. "La conjuration sacrée". In: _____. *Œuvres complètes*, I: *Premiers écrits, 1922-1940*, Paris: Gallimard. 1970.

BENJAMIN, Walter. "Theologisch-politisches Fragment". In: TIEDEMANN, Rolf; SCHWEPPENHÄUSER, Hermann (orgs.). *Gesammelte Werke*, II, 1, Frankfurt: Suhrkamp, 1980. ["Fragmento teológico-político". In: _____. *O anjo da história*. Tradução e organização de João Barrento. Belo Horizonte: Autêntica, 2012].

_____. "Einbahnstrasse". In: TIEDEMANN, Rolf; SCHWEP-PENHÄUSER, Hermann (orgs.). *Gesammelte Werke*, II, 1, Frankfurt: Suhrkamp, 1980. ["Rua de mão única". In: _____. *Rua de mão única*. 5ª ed. Tradução de Rubens Rodrigues Torres Filho e José Carlos Martins Barbosa. São Paulo: Brasiliense, 1995 (Obras escolhidas, vol. II).]

_____. *Gesammelte Briefe*, II: 1919-1924. Organização de Christoph Gödde e Henri Lonitz. Frankfurt: Suhrkamp.

BICHAT, Xavier. *Recherches physiologiques sur la vie et la mort* (1ª ed. 1800). Paris: Flammarion, 1994.

DIDEROT, Denis. "Le Rêve de d'Alembert". Organização de Jean Varloot e Georges Dulac. In: DIECKMANN, Herbert; VARLOOT, Jean (orgs.). *Œuvres complètes*, XVII: Idées IV. Principes physiologiques sur la matière et le mouvement. Le Rêve de d'Alembert. Éléments de physiologie. Paris: Hermann, 1987. ["O sonho de d'Alembert". In:_____. *Diderot*. Tradução e notas de Marilena Chaui e Jacob Ginzburg. São Paulo: Nova Cultural, 2004. (Os pensadores).]

DUNDAS, Judith. "A Titian Enigma", *Artibus et historiae*, v. 12.

ESCOTO ERÍGENA, João. "De divisione naturae libri quinque". In: MIGNE, Jacques-Paul (org.). *Patrologia cursus completus. Series latina*, CXXII. Paris: Migne, 1853.

GMELIN, Johann Georg. *Reliquiae quae supsersunt commercii epistolici cum Carolo Linnaeo, Alberto Hallero, Guglielmo Stellero et al.*, organização de G.H. Theodor Plieninger. Stuttgartiae: Academia Scientiarum Caesarea Petropolitana, 1861.

HAECKEL, Ernst. *Die Welträtsel. Gemeinverständliche studien über monistische Philosophie*, Stuttgart: Kröner, 1899. [*Os enigmas do universo*. Porto: Lello & Irmão, 1961.]

BIBLIOGRAFIA

HECQUET, Madame. *Histoire d'une jeune fille sauvage, trouvée dans les bois à l'âge de dix ans*, Paris: s.i.e., 1755.

HEIDEGGER, Martin. *Holzwege*. Frankfurt: Klostermann, 1950. [*Caminhos de floresta*. 2ª ed. Tradução de Irene Borges Duarte, Filipa Pedroso, Alexandre Franco de Sá, Hélder Lourenço, Bernhard Sylla, Vítor Moura e João Constâncio. Lisboa: Calouste Gulbenkian, 2002.]

———. *Wegmarken*. Frankfurt: Klostermann, 1967 [*Marcas do caminho*. Tradução de Enio Paulo Giachini e Ernildo Stein. Petrópolis: Vozes, 2008.]

———. *Sein und Zeit*. Tübingen: Niemeyer, 1972. [*Ser e tempo*. Tradução de Márcia de Sá Cavalcanti. 7ª ed. Petrópolis/Bragança Paulista: Vozes/Universidade São Francisco, 2006.]

———. *Gesamtausgabe*, XXXIX: *Hölderlins Hymnen "Germanien" und "Der Rhein"*. Organização de Susanne Ziegler. Frankfurt a.M.: Klostermann, 1980. [*Hinos de Hölderlin*. Tradução de Lumir Nahodil. Lisboa: Instituto Piaget, 2004.]

———. *Gesamtausgabe*, XXIX-XXX: *Die Grundbegriffe der Metaphysik. Welt – Endlichkeit – Einsamheit*. Frankfurt: Klostermann, 1983. [*Os conceitos fundamentais da metafísica*: mundo, finitude, solidão. Tradução de Marco Antônio Casanova. 2ª ed. Rio de Janeiro: Forense Universitária, 2011.]

———. *Gesamtausgabe*, XLIV: *Parmênides*. Organização de Manfred S. Frings. Frankfurt: Klostermann, 1993. [*Parmênides*. Tradução de Sérgio Mário Wrublevski. Petrópolis/Bragança Paulista: Vozes/Universidade São Francisco, 2008.]

HOLLIER, Denis (org.) *Le Collège de Sociologie (1937-1939)*. Paris: Gallimard, 1979.

KOJÈVE, Alexandre. *Introduction à la lecture de Hegel*. Paris: Gallimard, 1979. [*Introdução à leitura de Hegel*. Tradução de Estela dos Santos Abreu. Rio de Janeiro: Contraponto, 2002.]

LINNAEUS, Carolus. *Systema naturae, sive, Regna tria naturae systematice proposita per classes, ordines, genera, & species*. Lugduni Batavorum: Haak, 1735.

_____. *Menninskans Cousiner*. Organização de Telemak Fredbär. Uppsala: Ekenäs, 1955.

MASSAT, René. *Œuvres complètes*. Prefácio de Alfred Jarry. Lausanne-Montecarlo: Éditions du Livre, 1948.

PANOFSKY, Erwin. *Problems in Titian, mostly Iconographic*. Nova York: New York University Press, 1969.

PICO DELLA MIRANDOLA, Giovanni. "Oratio/Discorso". Organização de Saverio Marchignoli. In: BORI, Píer Cesare. *Pluralità delle vie. Alle origini Del "Discorso" sulla dignità umana di Pico della Mirandola*, Milão: Feltrinelli, 2000. [*Discurso sobre a dignidade do homem*. Tradução e apresentação de Maria de Lourdes Sirgado Galho. Lisboa: Edições 70, 1989.]

PUECH, Henri-Charles. *Sur le manicheisme et autres essais*. Paris: Flammarion, 1979.

SIMONETTI, Manlio (org.). *Testi gnostici in lingua greca e latina*. Milão: Mondadori, 1993.

STEINTHAL, Heymann. *Der Ursprung der Sprache im Zusammenang mit den letzen Fragen alles Wissens. Eine Darstellung, Kritik und Fortentwicklung der vorzüglichsten Ansischten*. Berlim: Dümmler, 1877.

———. *Abriss der Sprachwissenschaft*, I: *Einleitung in die Psychologie und Sprachwissenschaft*, Berlim: Dümmler, 1881.

TOMÁS DE AQUINO. *Somme théologique. La Résurrection.* Organização de Jean-Dominiques Folghera. Paris/Roma: Desclée, 1955.

———. *Somme théologique. Les Origines de l'homme.* Organização de Albert Patfoort. Paris/Roma: Desclée, 1963. [*Suma Teológica.* São Paulo: Loyola, 2001, 9 volumes.]

TYSON, Edward. *Orang-Outang, sive Home Sylvestris, or, the Anatomy of a Pygmie Compared with that of a Monkey, an Ape, and a Man. To which is Added, a Philological Essay Concerning the Pygmies, the Cynocephali, the Satyrs, and Sphinges of the Ancients. Wherein it Will Appear that They are all Either Apes or Monkeys, and not Men, as Formerly Pretended.* Londres: Bennett and Brown, 1699.

UEXKÜLL, Jakob von; KRISZAT, Georg. *Streifzüge durch Umwelten von Tieren und Menschen. Ein Bilderbuch unsichtbarer Welten. Bedeutungslehre.* Hamburgo: Rowohlt, 1956. [*Dos homens e dos animais. Digressões pelos seus próprios mundos.* Tradução de Alberto Candeias e Aníbal Garcia Pereira. Lisboa: Livros do Brasil, 1983.]

Coleção Sujeito e História
Organização de Joel Birman

A coleção Sujeito e História tem caráter interdisciplinar. As obras nela incluídas estabelecem um diálogo vivo entre a psicanálise e as demais ciências humanas, buscando compreender o sujeito nas suas dimensões histórica, política e social.

Títulos publicados:

A crueldade melancólica, Jacques Hassoun
A psicanálise e o feminino, Regina Neri
Arquivos do mal-estar e da resistência, Joel Birman
Cadernos sobre o mal, Joel Birman
Cartão-postal, Jacques Derrida
Deleuze e a psicanálise, Monique David-Ménard
Foucault, Paul Veyne
Gramáticas do erotismo, Joel Birman
Lacan com Derrida, Rene Major
Mal-estar na atualidade, Joel Birman
Metamorfoses entre o sexual e o social, Carlos Augusto Peixoto Jr.
Manifesto pela psicanálise, Erik Porge, Franck Chaumon, Guy Lérès, Michel Plon, Pierre Bruno e Sophie Aouillé
O aberto, Giorgio Agamben
O desejo frio, Michel Tort
O olhar do poder, Maria Izabel O. Szpacenkopf
O sujeito na contemporaneidade, Joel Birman
Ousar rir, Daniel Kupermann
Problemas de gênero, Judith Butler
Rumo equivocado, Elisabeth Badinter

*O texto deste livro foi composto em Sabon,
desenho tipográfico de Jan Tschichold de 1964
baseado nos estudos de Claude Garamond e
Jacques Sabon no século XVI, em corpo 11/16.
Para títulos e destaques, foi utilizada a tipografia
Frutiger, desenhada por Adrian Frutiger em 1975.*

*A impressão se deu sobre papel off-white no
Sistema Digital Instant Duplex da Divisão
Gráfica da Distribuidora Record*